KB264797

도대체 그곳에서는
어떤 일이 벌어지고 있는가?

The Out of Bounds
Church?
교회의 경계를 넘어 다시 교회로!

교회의 경계를 넘어 다시 교회로!
Learning to Create a Community of Faith in a Culture of Change

스티브 테일러 지음
성석환 옮김

변화의 문화 속에서
신앙 공동체를
어떻게 창조할 것인가?

예영커뮤니케이션

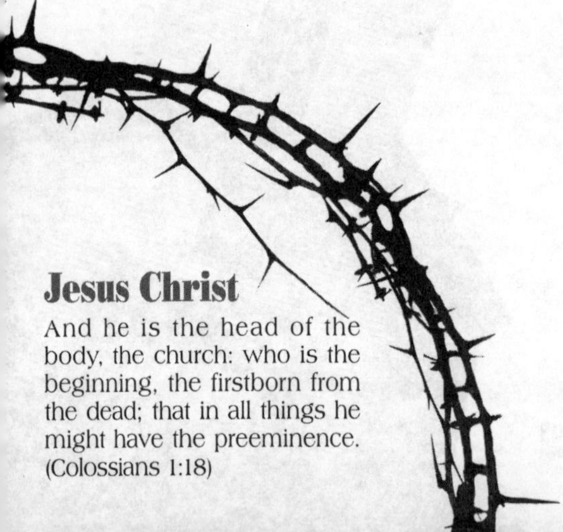

Jesus Christ

And he is the head of the
body, the church: who is the
beginning, the firstborn from
the dead; that in all things he
might have the preeminence.
(Colossians 1:18)

이 책은
포스트모던적 현실의 사막 가운데에서
하나님을 갈망하는 이들을 위한 책이다.

자신의 인생 항로를 스스로 정하면서도
우리는 결코 우리와 연결된
인생의 끈을 잊지 않으리.

그대는 인생의 뿌리를 항상 추구하라.
항해를 마치고 하선할 때마다
그대의 선원들을 기억하라.
은총으로부터 멀어지지 마오, 내 친구여.

그대의 삶을 냉정하게 바라보라.
그대의 발걸음을 점검해 보라.
인생은 경주가 아니라오.[1]

1) 이 시는 www.salmonelladub.com에서 옮겨 놓았고, 원 출전은 다음과 같다.
"Longtime," *One Drop East*, Salmonella Dub, Virgin Records, 2003.

In Christ Jesus

차 례 CONTENTS

............올리브 플레밍 드레인과 존 드레인의 **추천사**

첫 번째 엽서를 열었을 때, 나는 한 손에는 성경을 다른 한 손에는 신문을 들어야 한다고 말했던 칼 바르트(Karl Barth)를 생각하고 있었는데, 스티브(Steve)도 바로 이 점을 말하고 싶어 한다는 것을 몇 페이지 뒤에 알았다. 많은 독자들은 이 책을 읽으면서 자신이 어렴풋이 가지고 있었던 생각들이 직관적으로 알아차릴 수 있는 언어로 명확히 표현되고 있음을 알게 될 것이다.

아마도 이 책의 그러한 탁월함을 지적하는 것이 이 책을 가장 적절하게 소개하는 것이 될 것이다. 이 책에서 말하는 여러 가지 이야기들은 그 동안 명제적 신학으로는 제대로 설명하지 못 했던 포스트모던 시대에 대해 독자들이 충분히 동감할 수 있는 방식으로 접근하고 있다. 저자가 소개하는 여행들은 실제로 본인이 경험한 것들로써 실제적인 사실에 근거하고 있으며 기독교 전통으로부터도 벗어나지 않는다. 그 여행은 매우 창의적인 신학적 성찰로 우리를 인도한다. 이 성찰적인 여정은 유사한 영적 여행을 막 시작한 전세계 현대인들의 경험과 필연적으로 연관을 맺게 된다.

이 책의 핵심은 점차 영적인 의미에 관심을 고조시키고 있는, 이 세상에서 새롭게 기독교 신앙을 경험할 수 있는 방법을 찾고 그것을 알리는 것에 집중되어 있다. 그것이 우리의 삶을 윤택하게 하여 생명을 주는 방식이든지, 아니면 영적 열광주의의 파괴적 가능성을 걱정하는 것이든지 그러한 관심을 공유하는 모든 이들에게 이 책은 유익할 것이다. 또한 우리를 복음의 진정한 이야기를 향하도록, 그래서 결과적으로는 그리스도에게 더 가까이 가도록 매우 혁신적인 방법으로 우리를 이끌어 갈 것이다.

올리브 플레밍 드레인(Olive Fleming Drane)

존 드레인(John Drane)

·············· 더그 맥코넬(Doug McConnell)의 **추천사**

정글의 구불구불한 강둑에 한 가족이 선교학교에 새로 부임한 교장을 만나러 모였다. 그 새 교장이 카누에서 내릴 때, 선교사 가족 중 8살짜리 큰 아이가 그 고립된 땅에 온 선생님을 환영했다. 그곳에는 선택할 것이 별로 없었다. 다만 시간이 있을 뿐이었다. 오지의 부족들에게 복음을 전했던 초기의 선교사들처럼, 이 가족도 신실한 복음의 증인으로서 사람들과 함께 살고 있었다.

여기 30여 년전 그 두 사람이 있다. 스티브 테일러가 그 어린 학생이었고, 내가 그 젊은 선생님이었다. 그때 스티브는 인생의 의미에 대해 많은 호기심을 가지고 있었다. 인생에 대한 그의 생각은 매우 교훈적이었다. 이제 나는 다시 그와 함께 있고, 그의 눈을 통해 세상을 살펴보려 한다. 그때와는 달리 시간은 빨라졌고 선택할 것도 많아졌다. 전 지구적인 선교의 요청에 응답해야만 하는 이때에, 우리는 조심스럽게 복음을 전했던 이전 세대의 경험으로부터 교훈을 얻을 수 있을 것이다.

이 책에서 스티브는, 포스트모더니티(postmodernity)에 의해 충격을 받은 지금의 세상에도 통할 수 있는 방식으로 신앙에 대한 이해를 확장시킨다. 신흥교회(the emerging church)에 대한 토론을 주도하면서, 그는 출생(birth) 이미지, 창의적 놀이, 영적 여행, 구원적 포털(redemptive portals), 그리고 선교적으로 혼합하기(interweave) 등의 개념을 포착하기 위한 신학적 성찰과 새로운 관점을 제시한다. 테일러는 교회가 새로운 역할, 즉 산파(midwife), 요리사, 여행 가이드, 사이버 수도사, 그리고 DJ와 같은 역할을 심각하게 고려해야 한다고 말한다. 지구화(globalization)가 일으키는 새로운 국면을 생각해 보면, 그러한 역할을 감당할 신흥교회 목회자들이 앞으로 보여 줄 여러 모습들을 쉽게 상상할 수 있을 것이다.

스티브의 이 책이 우리에게 강력한 통찰력을 주는 이유는 기존의 기독교를 비판하여 그 힘을 빼는 것이 아니라 오히려 "최고조의 제자도(extreme discipleship)"를 강조하기 때문이다. 지난 30년 간의 선교를 반성함에 있어서 가장 의미 있는 개념은 바로 상황화(contextualization)이다. 간단히 말해서, 사람들의 실제적인 삶에서 발생하는 핵심적 질문에 응답하기 위해 그 지역적 상황을 고려해서 복음을 증언하는 것이다. 전혀 다른 시간과 장소를 배경으로 만들어진 형식과 내용을 그대로 답습하는 것이 아니라, 신앙 공동체 자신들의 시간과 장소에서 복음의 의미를 찾으려는 노력에 참여하는 것이다. 전통적인 선교나 교회로서는 포스트모던 상황에서 벌어지는 시공간의 파괴 현상에 대해 이해하기 어려웠다.

테일러는 이 책에서 시각적으로나 역사적으로나 신흥교회의 실재적인 양상을 이해하고 있는 많은 선교사들의 모임에 참여하고 있다. 이 책을 읽으면서 나는 지난 30년 간의 선교에 대한 반성을 할 수 있었다. 나는 스티브 테일러와 같이 똑똑한 청년들의 헌신으로 가득했던 나의 초기 선교사 시절의 그 설렘을 아직도 기억한다. 나의 세상은 정글로 흐르는 강둑을 따라 형성되었던 아주 작은 마을들이었다. 하지만 이제 사이버 공간의 흐름을 따라 새로운 마을들이 계속 생겨나고 있다. 만약 우리가 여전히 복음에 신실하기 원한다면, 우리는 우리가 사는 세상의 모든 문화를 선교적으로 엮어내는 새로운 형태를 점검하고 탐험해야만 한다. 이 책은 그러한 선교 탐험가를 위한 책이다.

더글러스 맥코넬(Douglas McConnell, Ph. D.)
풀러 신학교 학장(간문화 연구부, School of Intercultural Studies)

Introduction 서문

　지금은 우리 주의의 소리를 잘 들어야 할 시대이다. 여러분은 우리 시대의 문화적 변동의 굉음과 파열음을 듣고 있는가? 우리는 광범위하게 전개되는 문화적 변화의 단층선에 서 있다. 기존의 제도권(institutions)은 급격히 그 세력을 잃어가고 있다. 고대의 영성 운동들이 다시 나타나고 있고, 세계의 지역 음악들이 팝(pop) 음악과 충돌하고 있다. 기존에 중심에 있었던 것들이 이제는 가장자리로 밀려나는 것 같다.

　이러한 변화의 한가운데에서, 예배의 새롭고도 혁신적인 표현방식 또한 전 세계를 휩쓸고 있다. 창조성과 공동체, 그리고 의식(rituals)에 대한 새로운 접근은 작은 마을뿐만 아니라 도시 중심지에서도 실천되고 있다. 옛 것과 새 것 사이의 이러한 긴장 한가운데에 교회가 존재하는 방식을 새롭게 이해하기 위한 노력이 나타나고 있는 것이다. 대학원 시절에 알게 된 여러 나라의 내 친구들과, 신흥교회 공동체 설립자로서의 내 경험이 포스트모던 시대의 최첨단의 선교방식을 탐험하는 실천과 신학을 다룬 이 책에 반영되어 있다.

　이 책을 신흥교회로부터 온 엽서들로 여겨주면 좋겠다. 이 엽서들은 출생이라는 주제, 창의적 놀이, 영적 여행, 공동체, 선교적 인터페이스(interface), DJ의 샘플링(sampling) 작업 등의 이야기를 포함하고 있다. 이 책은 풍부한 기독교 전통과 성경적 성찰을 통해 새롭게 급부상하는 신흥교회 공동체의 삶과 예배들로 엮여 있다. 물론 이 모든 대화 역시 우리 시대의 문화적 관습과 실천에 밀접하게 연관되어 있다.

이 책의 형식에 대한 간단한 소개 ●●●●●●●●●●●

겉표지의 글들은 이 책의 전반적인 내용을 소개하고, 각각의 엽서는 그 장의 내용을 소개하고 있다. 각 엽서는 세계의 서로 다른 지역에서 쓴 것이고, 그 엽서 하나하나가 모두 모여 나의 영적 여행 이야기를 만들어 간다. 각 엽서에서 제기된 문제나 질문이 그 장의 본문에 반영되어 있으며, 그때마다 독특한 신흥교회의 실제 상황이 소개된다. 여러분은 각 장의 끝에서 그 장과 연관되는 책이나 인터넷 사이트를 소개받게 될 것이다. 소개된 사이트는 변할 수 있기 때문에 내 개인 블로그(blog : www.emergentkiwi. org.nz)에 그에 대한 내용을 업데이트 해 올려놓을 것이다.

각 엽서들은 인생 여행, 선교 여행, 신흥교회의 기획 여행 등의 이야기를 담고 있다. 그리고 각 엽서는 다음과 같은 질문들을 탐색한다.

* 출생(birth)이나 조산술(midwifery) 개념을 어떻게 신흥교회(the emerging church)에 적용할 수 있을까?
* 신흥교회에서 창조성(creativity)이란 무슨 의미가 있을까? 고도로 발달한 시각(visual) 문화 속에서 그 창조성은 우리의 영성에 어떤 함의를 가질까?
* 오늘날과 같이 온라인을 통해 24시간, 7일 내내 연결되어 있는 세상에서 성육신적(incarnational) 선교란 무엇일까?
* 신흥교회에서 공동체의 중요성은 어떤 것일까?
* 신흥교회는 어떻게 공동체와 선교사역에 연결될 수 있을까?
* 신흥교회는 어떻게 복음과 문화를 DJ처럼 믹싱(mixing)하고 이미지와 소리, 과거와 미래를 섞어 새로운 세상을 위한 리믹스(remix)를 창출할 것인가?

여러분은 이 책을 읽을 때 마치 잡지처럼 먼저 눈이 가는 대로 순서 없이 읽어도 된다. 또 각 페이지를 세로로 먼저 읽거나, 혹은 가로질러 읽을 수도 있다. 순서대로 읽어 내려간다면 더 정돈되고 일관된 통찰을 얻을 수 있을 것이다. 만약 가로로 읽는다면, 어떤 섹션(section)에서는 들으면 좋을 음악이 추천될 것이고, 또 어떤 곳에서는 신흥교회로부터 가져 온 사례들, 웹 사이트, 인용문, 영적 의식들, 시각 자료들 등을 제공받게 될 것이다. 그러한 자료들은 다소 산만하지만 도움이 될 것이다.

여러분은 또한 다른 이들의 생각들과 의견들을 읽을 수 있게 될 것이다. 나는 스코틀랜드(scotland)에서 시드니(sydney)에 이르기까지, 그리고 시카고(Chicago)에서 캠브리지(Cambridge)에 이르기까지, 또 오랜 친구와 새 친구들에게, 실천가들로부터 사상가들에 이르기까지 많은 이들에게 내 책에 대한 조언을 구했다. 그들의 조언들은 "나와 다른 생각을 제시하거나, 좋은 사례를 제공하거나, 기도나 새로운 의식(rituals)을 제안해 주면서 또 다른 관점을 소개해" 주었다.

매기 돈(Maggi Dawn)은 로빈슨 대학(robinson College, Cambridge, UK)의 교목이다. 그녀는 전문 음악인이요, 가수였고, 1990년까지 새롭고 대안적인 예배 형태를 개발하는 일에 참여했다(그녀의 마지막 CD는 엘레멘츠(Elements)이다). 매기는 캠브리지 대학에서 신학을 공부하고 MA와 Ph. D. 학위를 받았다. 그녀는 모교에서 학생들을 가르치며 있으며, 〈The Post-Evangelical Debate, Anglicanism: The Answer to Modernity?〉, 〈The Rite Stuff〉 등과 같은 책에 저자로도 참여했다.

올리브 드레인과 존 드레인(Olive Drane and John Drane)은 둘 다 적극적인 실천가요 교육자이다. 올리브는 〈Clowns〉, 〈Storytellers〉, 〈Disciples〉 등의 저자이며, 전 세계적으로 신학을 가르치고 창조적인 예술 활동을 하고 있다. 그녀는 스코틀랜드 연합 침례교 교단의 선교 고문으로 섬기며 훌러 신학교(Fuller Theological Seminary)의 외래 교수이다. 그녀는 남편과 함께 〈Family Fortunes: Faith-full Caring for Today's

Families〉의 저자로 참여했다.

존은 〈The McDonaldization of the Church〉의 저자이고, 스코틀랜드의 에버딘 대학교(Aberdeen University), 훌러 신학교, 또 여러 연구소에서 강의했다. 그는 영국 국교회 주교협의회의 선교신학 고문단(Mission Theology Advisory Group of the Archbishop's Council of the Church of England)의 공동 단장이다.

앤드류 존스(Andrew Jones)는 신흥교회의 네트워크를 전 지구적으로 운영한다. 새로운 시대에 새롭게 일하시는 하나님의 사역에 민감하게 반응하며 그는 미국 전역을 돌아다녔고, 프라하(Prague)에 살았으며, 지금은 런던에 있다. 그의 블로그(blog)는 *tallskinnykiwi.typepad.com*이다.

제라드 켈리(Gerard Kelly)는 프랑스와 영국 사이에 살고 있다. 그는 연설가이자 시인이다. 그는 〈Retrofuture〉의 저자이며, 스프링 하비스트(Spring Harvest)에서 여러 책을 발간했다. 그는 리더십 개발과 유럽의 비기독교인들을 겨냥하여 열정을 쏟고 있으며, 이러한 열정은 유럽의 선교적 혁신을 이루기 위한 단체인 블레스 네트워크(the Bless Network)에 잘 나타나 있다. 그는 시가(cigars)와 카레(curries)를 즐긴다.

캐시 커크패트릭(Cathy Kirkpatrick)은 호주 시드니를 기반으로 하는 디지털 디자이너(digital designer)이다. 그녀는 호주 교외 글레베(Glebe)에 있는 카페 교회의 창립인 중 한 사람이고, 〈The Prodigal Project〉의 공동 저자이다. 지금 그녀는 열대어를 기르며, 매운 음식과 함께 친구들을 위해 콩요리 만들기를 좋아한다.

샐리 모겐달러(Sally Morgenthaler)는 콜로라도(Colarado)에 살고 있으며, 잘 알려진 예배 전문가요, 저자요, 강사이다. 그녀는 〈Worship Evangelism: Inviting Unbelievers into the Presence of God〉의 저자이며, 'Sacramentis.com'의 설립자이다. 샐리는 디지털 글래스 프로덕션(Digital Glass Production)의 대표이고, 여기서 신흥교회를 위해 새로운 장르(genre)의 예배용 비디오 자료를 만들고 있다. 그녀는 덴버

(Denver)에 있는 패쓰웨이(Pathways) 교회에서 예배 디자인 고문으로 일했고, 덴버 신학교와 카브넌트 바이블 대학(Covenant Bible College)에서 외래 교수로 예배학을 가르쳤다.

마크 피어슨(Mark Pierson)은 뉴질랜드 오클랜드(Auckland)의 시티사이드(Cityside) 침례교의 설립 목사이다. 그는 또한 〈The Prodigal Project의〉 공동 저자이고 〈Fractals for Worship: Alternative Resources for the Emerging Church CD-ROM〉의 집필에서 참여했다.

켈리 랍슨(Kelli Robson)은 놀라운 그리스도인이다. 그녀는 부모님을 따라 교회에 가는 것을 당연히 생각하며 자랐다. 하지만 그녀는 취학 전에 이미 자신이 더 이상 교회에 어울리지 않는다는 사실을 깨달았다. 25살까지 그녀는 무신론(atheism)이 진실이라고 믿었다. 하지만 그녀는 그레이스웨이(Graceway) 교회에서 온 부모님과 친구들이 지켜보는 가운데 조용한 해변에서 최근 침례를 받았다. 그녀는 캔사스(Kansas)에서 자랐지만 이제 뉴질랜드에 정착했다. 그녀는 잡지 편집자로 일하며 "화끈한(mad-keen)" 축구팀의 일원이다.

로버트 웨버(Robert Webber)는 "기독교 예배 예술(art of Christian worship)"의 실천가이고, 진정한 전문가 중 한 사람으로 알려져 있다. 로버트는 예배와 영성에 관한 책을 40권 이상 집필하였고, 대중 집회와 워크숍을 열어 많은 사람들과 교제하고 있다. 그는 시카고 교외 북침례교 신학교에서 예배와 영성 프로그램의 MA과정 디렉터(director)로 섬기는 교수이다. 그는 예배 분야 목회학 박사 과정도 지도하고 있다. 그는 또한 예배학의 대학원 과정 학위를 수여하는 예배 전문 연구소(the Institute for Worship Studies)의 대표이다.

역자 후기

창조적 영성의 시대에 창조적 교회를 말한다!

어린 시절부터 주일학교에서 신앙교육을 착실히 받은 사람이라면 누구나 "창조"라는 단어에 익숙할 것이다. 성경 이야기 중에서 창조의 사건은 늘 흥분과 놀라움을 일으키는 것이었다. 창조의 이야기를 듣고 배우면서 온 세상의 주인이 하나님이시며 그분의 놀라운 솜씨가 온 우주에 배어 있음을 고백할 수 있게 된다. 하지만 어떤 사람들은 어른이 되면서 학문적 지식에 노출되고 이성적인 잣대로 창조 이야기를 이해해 보려 하지만, 오히려 어릴 적 순수한 상상의 세계는 사라지고 회의와 의심에 빠지게 되는 경우도 있다.

그렇다고 그것이 그 사람의 신앙의 진정성마저 의심스럽게 만든다고는 확신할 수 없다. 왜냐하면 창조 사건에 대한 고백의 태도는 다양하기 때문이다. 즉 하나님의 우주 창조를 믿는다고 하면서도 다만 교리적으로 고백하는 경우에는 오히려 의구심을 가지고 접근하는 경우보다 훨씬 더 위험한 상태일 수 있다. 어떤 질문도 없이 그저 주어진 지식으로 창조의 사건을 받아들이는 태도는 하나님을 온 우주의 하나님으로 그리스도를 온 우주의 그리스도로 고백하는 실제적인 신앙과는 거리가 멀다.

하나님의 창조 사건을 우리의 신앙 가운데 살아있는 사건으로 고백하는 것은 그리스도의 오심과 죽으심, 부활하심을 살아있는 사건으로 고백한다는 것과 맥을 같이 한다. 한 그리스도인이, 그리고 그리스도인의 공동체 즉 교회가 이 사건들을 살아있는 것으로 구현하며 살기 위해서는 그 사건들의 의미를 제대로 분별할 수 있는 영성이 필요하다. 당대에 하나님의 뜻을 분별하고 그 뜻에 따라 진정성 있는 그리스도인의 삶을 살려는 용기를 영성이라고 말할 수·있다. 신비적 요소도 있으나 그것은 깊이를 더하는 방법이다.

최근 유행처럼 이 "영성"이라는 단어가 회자되는데, 기독교 역사 속에서 영성은 늘 새로운 갱신운동의 주제로 사용되었으며, 특히 가치관이 혼란스러운 시대에 하나님의 음성을 듣는 수련의 방법으로 이어져 왔다. 오늘 영성이 유행한다면 분명 우리 시대가 혼란의 시대임을 증명하는 것이다. 여기서 영성의 필요성이 놓인 곳은 비단 혼란스러운 세상만이 아니다. 하나님의 생생한 임재가 사라져버린 교회 역시 새로운 영성의 회복이 필요한 곳이다. 즉 하나님의 창조 사건과 그리스도의 구속 사건을 입체적으로 체험할 수 있는 영성인 것이다.

이러한 반성들이 구체적으로 시작된 것은 대체로 서양에서는 70년대 이후, 한국교회 안에서는 90년대 이후라고 본다. 문화적 변화가 급격하게 일어나면서 기존의 패러다임이 당면한 과제들을 풀어내지 못하게 되자 사람들은 새로운 가능성을 모색하게 되었다. 경직되고 획일화된 도식적 사고로는 응답할 수 없는 사건들의 가속이 너무도 급격했기 때문이었다. 소위 "포스트모던 시대"의 도전은 모던적 구조에서 기득권을 가진 모든 제도들에게 위험 신호를 보냈고, 여기에 종교 또한 포함되었다.

한국교회 역시 이러한 문화적 도전에 준비하지 못한 터라 당시 압도하던 변화에 매우 적대적이고 부정적인 태도로 방어했었다. 기존 질서가 적절한 응답을 하지 못하자 포스트모던의 지지자들은 아예 그 질서를 해체하고 전복시키려 했다. 교회와 세상의 전선이 계몽주의 이후 다시 형성되었던 것이다. 그런데 이러한 긴장은 교회와 문화 양측에 일정 부분 반성의 기회를 제공했던 것도 사실이다. 왜냐하면 서로의 존재를 무시하고서는 자신의 존재를 변호할 수 없다는 것을 발견했기 때문이었다.

교회는 포스트모던 문화 속에 깃들어 있는 창조적 상상력을 주목하면서, 경직되고 제도화되어 있는 신앙의 생동력을 회복할 가능성을 발견할 수 있었기 때문이었다. 한편 포스트모던 문화의 무차별적 해체주의는 그

지지자들 자신의 기반조차 파괴하면서 오히려 도덕과 윤리의 재구성을 요청하게 되었고 필연적으로 영성에 대한 깊은 매력을 느끼게 된다. 양측의 도전과 반성은 일정 부분 긍정적으로 작용한 면이 없지 않아서 새로운 가능성을 도출하도록 길을 열어준다.

'문화선교', '문화사역', '열린 예배', '영성 훈련', '뉴에이지' 등의 흐름이 이러한 가능성의 도상에서 발견된다. 포스트모던의 가능성을 신학과 목회에 어떻게 수용하여 새로운 패러다임을 구축할지에 대한 논의가 본격적으로 진행되었고, 교회 현장에서는 구체적인 대안들이 모색되었다. 이 중 하나가 이 책에서 다루는 소위 '신흥교회(emerging church)'이다. 자신에 대한 영성적 발견, 문화적 요소의 적극적 수용 및 재해석, 참여와 체험으로 실천되는 종교적 고백과 행위, 다양성과 타자에 대한 이해와 긍정 등이 그 핵심이다.

한국에도 레너드 스윗(Leonard Sweet), 댄 킴볼(Dan Kimball), 도날드 밀러(Donald Miller) 등의 책이 소개되면서 많은 대안적 시도들이 이루어지고 있다. 역자는 시카고에 있는 윌로우크릭(Willowcreek) 교회에서 매년 여름에 열리는 리더십 컨퍼런스에 참여하면서 많은 도전을 받았는데, 이 책도 2006년에 참여했다가 새로운 도전에 흥분하며 발견하였다. 저자는 해외에서 많은 강의와 활동으로 알려져 있지만 우리에게는 다소 생소하다. 더군다나 그의 목회지가 뉴질랜드라는 점에서 더욱 멀게 느껴질 수도 있다.

하지만 이 책에서 다루는 그의 여정을 따라가다 보면, 독자들은 21세기의 새로운 영적 흐름에 민감해질 뿐만 아니라 다양한 가능성들을 만날 수 있도록 인도하는 이 책의 유익함을 발견하게 될 것이다. 특히 저자가 학위 논문을 위해 직접 찾아다니며 체험한 실제적 모델들을 제시하고 그에 대한 신학적 근거를 제시하기 때문에 여타 유사한 주제를 가진 책들에 비해 매우 실제적인 도움을 제공한다. 그는 현대 교회가 현대 문화의 DJ가 되어야 한다고 말한다. 영적 여정에 오른 이들을 안내하기 위해 교회와 그리스도인들이 어떻게 현대 문화를 접근해야 할지 구체적인 사례를 보여준다.

우선 그의 질문은, "우리는 어디에 서 있는가? 지금 어떤 일이 일어나고 있는가?"이다. 많은 교회, 그리스도인들이 현대 문화에 적응하지 못하고 적대적이 되거나 혹은 아예 문화 속에 함몰되는 이유는 바로 이 질문에 충실하지 못하기 때문이다. 다시 말해서 시대를 분별하는 영성이 훈련되어 있지 않으니 현재 서 있는 지점을 정확히 알지 못하고 변화의 흐름에 수동적으로 대처하게 된다. 교회는 항상 변화하는 문화와 대화하면서 신학적 응답을 해 왔고, 또 그래야만 교회의 존재론적 목적인 선교적 영향력도 확보할 수 있게 된다.

이런 점에서 이 책은 우리에게 현재 그리고 앞으로 어떻게 이 변화의 물결이 흘러갈 것이며, 그 가운데 우리가 해야 할 일이 무엇인지 응답하고 있다. 지배하거나 정복하려는 욕망에서 벗어나, 복음의 진리 위에 서서 문화 속으로 침투해 들어간다. 그리고 그 안에 새로운 가능성들을 자극한다. 교회가 그 일에 책임감을 갖는다. 그래서 기존의 형식적이고 제도적인 약점들을 극복하여 새로운 공동체를 형성하고 새로운 공동체를 낳는다.

처음의 이야기로 돌아가자. 이런 이유로 저자 스티브 테일러는 우리에게 창조적 영성이 필요하다고 말한다. 이것은 하나님께서 세상을 창조하신 그 창조성이다. 오늘의 대중문화 속에서 발휘되는 놀라운 창조성, 인터넷을 통해 확장되는 창조적 공간들이 우리를 때로 혼란스럽게 하기도 하지만, 저자는 이 모든 문화적 창조성의 근원이 바로 하나님의 창조 사건에 있다고 확신한다. 그리스도인은 창조적 DJ이다. 우리 시대의 문화적 조각들을 모아 새롭게 하나님 말씀을 표현한다. 그분이 하신 것처럼 우리도 우리의 삶과 문화를 디자인한다.

저자의 표현처럼 하나님은 우리에게 DJ, 디자이너, 건축가로 다가오신다. 그분은 우리에게 우리 시대의 문화 속으로 하나님과 함께 영적인 여행을 계속하자고 초청하신다. 스티브 테일러는 이 여행을 사람들이 계속할 수 있도록, 또 시작할 수 있도록 교회가 산파 역할을 감당해야 한다고 주장한다. 왜 아니겠는가? 교회는 선교적 목적을 가진 공동체이다. 때를 얻든지 못 얻든지 우리는 주님의 삶과 말씀을 증거해야 한다. 포스트모던 시대에도 하나님은 말씀하신다. 우리의 영적인 화롯불을 끄지 말자! 그 불을 계속 지펴서 사람들이 따듯한 온기를 원할 때 나눌 수 있도록 준비하자!

PART ONE
제1장 새로운 문화의 등장
CULTURE SHAPERS
교회의 경계를 넘어 다시 교회로!
Learning to Create a Community of Faith in a Cult

This Space for Correspondence

안녕하세요? 뉴질랜드 오클랜드의 스티브입니다. 몇 해 전 내 친구들 중 아주 적극적이면서 생각도 깊고 창의적인 몇 명이 그들의 말대로 하면 종교를 버렸습니다. 그래서 저는 그들과 함께 우리 나름의 신앙을 키워나갈 수 있는 공동의 장소, 그레이스웨이(Graceway)를 만들었습니다.

내가 소위 신흥교회(emerging church)에 대해 전해들은 것이 바로 그때였습니다. 나는 그후로 영국의 카페와 역에서 그것에 관한 이야기를 수집하고, 또 미국의 시애틀(Seattle)로부터 호주 시드니(Sydney)에 이르기까지 그러한 교회를 경험하며 의견들을 교환했습니다. 그 경험과 이야기들을 반영하여 박사학위(Ph. D.) 논문을 완성할 수 있었습니다.

이 책은 바로 그 새롭게 출현하는 교회의 모습들을 담은 엽서들의 기록입니다. 그 여행은 내 신앙과 나의 삶을 더욱 풍성하게 한 시간이었습니다. 당신도 이 책을 통해 저와 같은 경험을 할 수 있게 되기를 바랍니다.

Post
Card
UNITED STATES OF AMERICA
COMMEMORATIVE SERIES 1901
POSTAGE FIVE CENTS
This Space for Address only

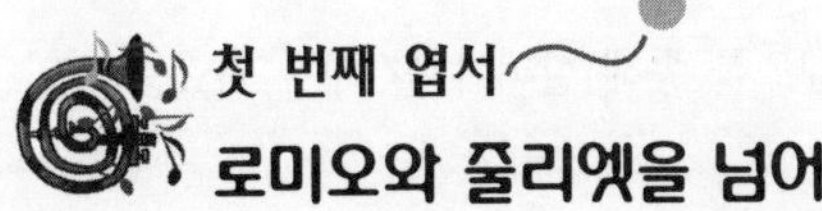

첫 번째 엽서
로미오와 줄리엣을 넘어

나는 문화 변동의 단층선 위에 앉아 있다. 내 오른손에는 비디오 리모컨이, 왼손에는 성경이 들려 있다. 바로 그러한 시대에 나는 태어났다. 당신도 마찬가지일 것이다. 이 변화의 시대에 복음을 소통시키는 것이 바로 우리의 과제인 것이다. 그것은 예수님의 제자들인 우리가 이 문화적 변동의 미래 속으로 들어가야 한다는 것을 뜻한다.

지난 세기 칼 바르트(Karl Barth)는 기독교 커뮤니케이션(communication)의 과제를 한 손에는 신문을 다른 한 손에는 성경을 들고 서 있는 것이라는 말로 잘 표현했다. 그때는 이미 지나가 버린 세기가 되었다. 당시에는 '게이(gay)'가 단지 '즐겁다'는 의미로만 쓰였을 때였으며 베를린 장벽이 동서로 길게 놓여 있을 때였다. 멀티미디어(multi-media), 인터넷, 그리고 가상현실(virtual reality) 등이 아직 전면적으로 드러나기 이전이었다. 예수님과 성경은 변하지 않고 여전히 내 마음 속에 깊이 새겨져 있지만, 지금 내가 살아가는 세상은 10년 전과는 전혀 다른 모습을 하고 있다. 그래서 신앙의 미래는 점점 더 불안해 보인다.

플레이(play) 버튼을 눌러라

1968년 내가 태어난 해에 프랑코 제파렐리(Franco Zeffarelli) 감독은 '로미오와 줄리엣'을 영화로 만들었다. 그는 셰익스피어(Shakespeare)의 고대 소설은 변하지 않았어도 소설을 읽는 독자들은 완전히 변했다는 사실을 깨달았다. 그는 셰익스피어의 작품

문화변동의 단층선

나는 지구의 플레이트(plates-지각과 맨틀 상층부의 판상 부분, 역자 주)같은 이 시대의 이미지를 좋아한다. 이 플레이트는 평상시에는 지구 표층 아래에서 잠잠하다. 그것이 우리를 떠받치고 있다는 사실을 평상시에는 굳이 알 필요가 없다. 때가 되면 그것이 움직이기 시작할 때, 우리에게 끼치는 영향력은 엄청나다는 사실을 알게 된다. 문화는 사회의 아래 바닥에서, 교회가 놓인 기초부분 아래에서 움직이고 있다. 우리는 땅과 땅 위, 혹은 땅 아래에 있는 새로운 공간들을 배경으로 그 가운데 살고 있는 것이다.
–켈리 랍슨(Kelli Robson)

이 영화를 보세요

프랑코 제파렐리 감독이 연출한
Romeo and Juliet
(Paramount Studios, 1968).

이 영화를 보세요

그리고 바즈 루어만
감독이 만든
*William Shakespeare's
Romeo and Juliet*
*(Fox entertainment,
1996)*을 감상하세요.

을 동시대의 정황이라는 렌즈를 통해 살펴야 할 때가 되었음을 알았던 것이다.

제파렐리의 '로미오와 줄리엣'을 소개하는 60초짜리 예고편은, 길고 느린 한 번의 움직임으로 되어 있다. 카메라 렌즈가 먼 곳으로부터 한 도시를 천천히 잡아낸다. 관객은 그 도시의 열정이나 사건들과는 동떨어진 위치에 놓여 있다고 느끼게 된다. 이때 외롭게 느껴지는 한 남자의 목소리가 부드러운 관현악처럼 등장한다. 그리고는 한 마차가 도시의 입구에서부터 천천히 나타나 스크린을 가로질러 지나간다.

이제 1996년의 작품으로 가 보자. 제파렐리 감독의 영화 이후 30년이 지났을 즈음 바즈 루어만(Baz Luhrmann) 감독이 '로미오와 줄리엣'을 다시 영화로 만들어 내 놓았다. 루어만 역시 고대의 원작은 변하지 않았지만, 관객이 변했다는 사실을 알았다. 다시 한번 이전 것과 새로운 것이 혼합되어야 할 때가 된 것이다. 루어만의 '로미오와 줄리엣'은 총과 돈, 탐욕이 난무하는 현대적 도시 베로나(Verona-이탈리아 북부의 도시, 역자 주)의 해변이 무대가 되었다. 125초짜리 예고편 영상은 정지된 몇 개의 화면이 번갈아 돌아가면서 시작된다.

드디어 멀티미디어 세상이 시작된 것이다. 먼저 TV가 스크린 중앙에 나타나고 흑인 여성 아나운서가 등장한다. 마치 유색 인종과 사회적 약자들이 당시의 사회에서 보여주던 두각을 환영하기라도 하듯이 말이다. 카메라 줌(zoom)은 관객들을 TV에서 멀어지게 하고는 아파트 형태의 선을 따라 아래로 곤두박질친다. 이는 뉴스 본연의 객관성을 유지하려는 태도에서 어느 한 곳으로 쏠리는 시대적 변화를 반영하는 듯하다.

텍스트와 이미지는 폭발적인 사운드트랙(soundtrack)과 뒤섞인다. 예수님의 동상(statue), 도시의 모습, 헬리콥터, 상업 광고판, 한 소년을 둘러싼 경찰들, 신문 머리기사 등의 이미지가 번쩍이며 지나간다. 그리고는 카플릿 가(the Capulets)와 몬타규 가(the Montagues)를 보도하는 이미지와 신문 기사에 카메라가 집중된다. 이 장면은 마치 고대의 작품이 문화변동의 시대 한가운데로 들어오는 것을 환영하는 것처럼 느껴진다.

두 감독, 두 영화, 두 문화, 그리고 하나의 원전! 두 영화는 수세기 동안 그 시대의 상황에 맞게 수정되면서 한 이야기를 이야기하고 있다. 그러나 한 원전의 서로 다른 버전(version)인 이 두 영화 속에는 그 영화들이 만들어졌던 시대의 시작을 알리는 상징물들이 반영되어 있다. 단지 그 시대의 문화적 장신구들이 아니다. 명심하라. 그 영화들은 그 시대 문화들의 본질적인 요소들을 담고 있다.

문화는 우리가 숨 쉬는 공기와 같다. 그것이 없이는 우리는 죽을 것이다. 그것은 우리가 그 존재를 알아채거나 의식하지 못 해도 늘 우리를 감싸고 있다. 그런데 도시의 공기가 오염되었을 때, 전지구적인 차원에서 그 심각성을 걱정해야만 할 때, 추운 아침에 뿌연 안개 속에서 호흡을 해야 할 때, 바로 그때서야 우리는 공기에 대해 말하게 된다. 동일한 방식으로 생각해 보면, 제파렐리의 시대와 루어만의 시대 사이에 나타난 문화의 이동은, 감독이 우리가 더 이상 무관심할 수 없는 아주 특별한 방식으로 그들의 영화에 그려내지 않으면 결코 알아챌 수 없을 정도로 미묘한 것이었다.

루어만 감독이 '로미오와 줄리엣'을 현대화했을 때 그 배경이 되었던 문화적 '공기'에 대해 생각해 보면, 나는 포스트모던 문화의 네 가지 특징을 발견할 수 있게 된다. 가속편집의 파편화(fragmentation of fast/cutting-영화 용어, 역자 주), 개인의 선택과 결정이 강조되는 즉흥적 라이프스타일(individual pick-and-mix lifestyles), 부족주의(tribalism), 그리고 소수 인종과 주변부 문화의 득세(the ethnic edge)가 그것이다. 이제 이 네 가지에 대해 상세히 살펴보자.

가속편집 그리고 파편화

'가속편집'은 한 이미지와 다른 이미지 사이를 빠르게 편집하는 영화제작 용어이다. '가속편집'은 오늘날 많은 영상 제작에서 주로 사용되는 방식인데, 바로 루어만이 예고편에서 사용했던 것이 이 방식이었다. 도시의 풍경, 사람들의 폭동, 예수님의 동상, 그리고 그래픽과 텍스트가 서로 병렬되었다가도 신속하게 사라진다.

'가속편집'은 또한 뉴스 보도에서 소리의 단위를 잘게 쪼개는 방식에서도 드러난다. 연구결과에 따르면 1968년 소리 단위의 평균 길이가 40초였는데, 1996년에는 8초로 줄었다.[2] 이처럼 정보가 우리에게 전달되는 방식이 변화했기에 그 정보에 대한 사고의 과정도 변하였다. 삶의 모든 면에서 우리는 제파렐리 감독이 했던 것처럼 저속의 싱글 숏(single-shot) 방식에서 루어만 감독이 텍스트, 음향, 이미지를 빠르게 배치했던 병렬 방식으로 변화했다.

나는 문화적 변화를 탐색해 보기 원하는 이들에게 이 두 감독의 서로 다른 '로미오와 줄리엣'의 예고편을 보여주곤 한다. 예고편을 함께 보고 난 후, 영화의 기술적 측면뿐만 아니라, 이 기술이 표현되는 문화적 측면에서 어떤 변화들이 있었는지 그 목록을 작성하라고 과제를 준다.

기존 교회들에 가서 그렇게 해 본 뒤로 나는 신흥교회에서도 시도할 수 있었다. 어떤 교회에서 강의를 반쯤 진행하고 있는데, 갑자기 한 목소리가 들려왔다. "이건 진짜처럼 보여! 루어만 감독의 영화가 훨씬 더 만족스러운걸!" 이러한 반응을 보며 기술이 우리의 생각하는 방식까지 변화시키고 영향을 준다는 사실을 알 수 있었다. 만약 당신이 아주 빠르게 변하는 텍스트와 이미지의 편집에 젖어 시간을 보낸다면, 당신의 그런 방식으로 행동하고 배우게 될 것이다. 갑자기

---

2) 이러한 결론은 대통령 선거 기간 중 소리의 단위를 측정한 결과에 기초한다. Mitchell Stephens, *The Rise of the Image, the Fall of the Word*. New York, Oxford: Oxford University Press, 1998, p. 139.

당신은 저속 카메라와 독백의 단조로움이 어색하거나 혹은 따라 하기 어렵다고 느끼게 되는 것이다. 당신이 이미지와 이미지 사이를 오가며 즐기는 일에 익숙해질 때, 교회에서 듣는 삼대지 설교(성경 본문을 세 가지 주제로 풀어 설교하는 방식, 역자 주)는 이제 익숙하지 않은 언어로 들리기 시작한다.

가속편집 기법은 겉으로 드러나는 기술이다. 그 기술은 문화의 커뮤니케이션 기법을 변화시키고 있다. 그러나 가속편집은 또한 나무의 나뭇잎과 같다. 마치 나뭇잎들이 땅 밑의 뿌리에 의해 영양분을 공급받는 것처럼, 가속편집은 그 아래에 있는 사상들에 의해 그 양분을 공급받는다. 여기서 문화란 오늘 우리가 직면하고 있는 파편화된 문화가 아니라 문화 그 자체에 대한 이해를 말한다.

프랑스 사상가 리오타르(Jean-Francois Lyotard)는 그의 책 〈포스트모던의 조건 *The Postmodern Condition*〉에서 컴퓨터 기술이 사람들의 생각에 어떻게 영향을 미치는지 살피고 있다. 그는 "거대 서사에 대한 불신(incredulity toward metanarrative),"[3]을 말하는데, 다른 말로 하면, 오랜 동안 진행되어 온 기술 중심주의 세계에서 우리의 모든 것을 이해할 수 있을 것이라고 여겨졌던 거대한 이야기, 즉 모든 것의 답을 제공해 주는 하나의 이야기가 존재한다는 사실을 더 이상 신뢰하지 않게 되었다는 것이다. 우리의 사고는 매우 사사화된(privatized) 이야기들로 파편화되었다.

이러한 사태는 새로운 질문들을 제기한다. 영화 〈매트릭스 *The Matrix*〉에서 모피우스(Morpheus)가 네오(Neo, 매트릭스의 주인공, 역자 주) 주위의 영상을 바꾸려고 리모컨을 작동시키며 묻는다. "이봐, 네오. 어떤 것이 현실(reality) 같은가?" 그리고 영화 〈웩 더 독 *Wag*

---

3) Jean-Francois Lyotard, *The Postmodern Condition: A Report of Knowledge.* 인용은 다음의 영역본에서 했다. Geoff Bennington and Brian Massumi, Mineapolis, Minn.: University of Minnesota Press, 1984, xxiv. 한국 번역본은 다음과 같다. 유정완, 이삼출, 민승기 역, *포스트모던의 조건*, 민음사, 1996.(역자 첨가)

래리와 앤디 워쇼스키
(Rarry and Andy Wachowski)형제가 만든 *The Matrix*
(Warner Studios, 1999);

배리 레빈손
(Barry Lewinson) 감독이 만든 *Wag the Dog*
(New Ilne Studios, 1997);

로버트 제멕키스
(Robert Zemeckis) 감독의
Forrest Gump
(Paramount Studios, 1994)

the Dog〉에서 전쟁을 일으키는 중요한 질문은 "누가 현실을 통제하는가?"하는 것이었다. 또 영화 〈포레스트 검프 *Forest Gump*〉에서는 디지털 영상기법으로 미국 역사의 중요한 시기를 흑백 처리하여 삽입했다. 그래서 여전히 질문은 이것이다. "어떤 것이 정말 진짜 현실의 역사인가?" 그룹 U2의 리더 보노(Bono)가 "진짜보다 훨씬 좋은 것"이라는 노래를 할 때, 그 의미는 "당신은 진짜 현실을 볼 수 있는 곳에 있습니까?"라는 것이었다.

문화적 이파리(leaves)들이라고 할 수 있는 이러한 영화들이 갑자기 나타난 것이 아니고 이전 시대의 땅 속에 있던 뿌리, 그 사상과 생각에서 비롯된 것이다. 1972년 프랑스 철학자 미셸 푸코(Michel Foucault)는 "진리(truth)는 이 땅에서 만들어진 것이다 : 그것은 오직 복합적인 강제적 형식을 통해서만 생산된다." [4]라고 했다.

해체주의(deconstructionism)의 아버지라 불리는 자크 데리다(Jacques Derrida)의 작업에 대해 생각해 보자. 나는 사실 그가 우리 도시에서 큰 강좌를 열기 전에는, 그의 연구가 우리와 멀리 동떨어진 학문 세상의 이야기로만 알고 있었다. 단지 엘리트 학자로만 알고 있었는데, 우리 도시의 많은 이들이 그로부터 영감을 얻게 되었다. 그의 강연 제목은 "바벨(Babel)로의 여행"이었는데, 그는 우선 신앙과 언어를 바라보는 보편적이고도 객관적인 방식에 대해 열정적으로 강연했다.

그는 바벨탑에서 "더 이상 이해(understanding)가 가능하지 않은 도시" [5]의 출현을 발견할 수 있다고 말한다. 연합과 일치보다는 언어의 혼란, 분리, 분열이 발생한 것이다. 데리다는 우리에게 매우 파괴적인 방식을 요청한다. 그는 고대 언어들을 인용하면서 신(God)의 이름이 '바벨'임을 주장한다. 신은 일치(unity)시키기보

이 음악을 들어 보세요!

그룹 U2의 "Even Better than the Real Thing," *Achtung Baby*, Uni/Island, 1992.

---

4) Michel Fpoucault, *Power/Knowledge: Selected Interviews and Other Writings 1972–1977*. Colin gordon 편역, New York: Pantheon Press, 1980, p. 131.
5) Jacques Derrida, "Des Tours De Babel," *Semeia* 54 1992, p. 23.

다는 나누고 분열시키거나, 그의 용어대로 한다면 파괴시킨다.[6] 데리다의 이런 주장에 대응하는 것은 이 책의 본연의 과제가 아니다.[7] 나는 오히려 데리다의 이야기를 경청한 이들이 현실을 바라보는 서구적 방식에 대해 의문을 제기하게 된다는 사실을 지적하고 싶다. 언어, 철학, 합리성 심지어는 종교의 보편성까지도 불안정하고 주관적인 것이 되었다. 이러한 분열적 접근은 전통적으로 진리를 획득하는 연역이나 귀납과 같은 시도가 전혀 아니고, 그러한 모든 시도를 전복(reversal)하는 의미로써 언덕션(unduction)이라 불렸다.[8] 표층에서든지 그 하부에서든지 그러한 분열은 비관적(pessimistic)인 결과를 낳거나 혹은 활발한 다원주의 형식의 문화로 나타날 수 있다.

더 좋고 밝은 미래에 대한 우리 시대의 꿈은 절망으로 대체된 것 같다. "거기는 어둡다. 내 말은 미래가 그렇단 말이다. 미래는 결코 좋은 곳이 아니다… 나는 천 년 정도 잠을 자고 있는 것처럼 느낀다. 이렇게 섬뜩한 미래가 결코 다가오지 않을 것처럼 말이다."[9] 라고 더글러스 코플랜드(Douglas Coupland)의 소설에서 한 젊은 이가 꿈에서 깨어 외친다. 코플랜드의 소설 〈Polaroids from the Dead〉에 나오는 한 히피(hoppie) 엄마는 어린 딸을 재우려고 희미하게 비추는 현대 도시의 해골 이야기를 해 준다.[10] 그 도시는 가뭄으로 고통을 겪는다. 도시의 미래를 향한 창조적 비전도 없다.

이 책을 보세요

John Caputo,
The Prayers and Tears of Jacques Derrida, Religion Without Religion,
Bloomington & Indianapolis: Indiana University Press, 1997.

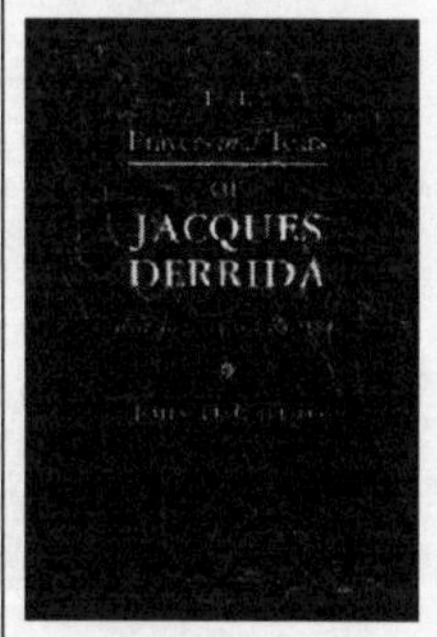

Douglas Coupland, "How Clear is Your Vision of Heaven?" *Polaroids from the Dead,* Regan: New York, 1996, 55-63.

---

6) Ibid., p. 7.
7) 데리다의 주장에 대한 응답은 다음의 책들에 잘 나타나고 있다. 참고하라. Kevin J. Vanhoozer, *Is There a Meaning in This Text? The Bible, the Reader, and the Morality of Literary Knowledge.* Grand Rapids, Mich.: Zondervan, 1998. 또 다른 책은 Catherine Pickstock, *After Writing: On the Liturgical Consummation of Pholosophy.* Oxford, UK; Malder, Mass.: Blackwel Publisher, 1997.
8) Kevin J. Vanhoozer, *Is There a Meaning in This Text? The Bible, the Reader, and the Morality of Literary Knowledge.* Grand Rapids, Mich.: Zondervan, 1998.
9) Douglas Coupland, *Girlfriend in a Coma.* London: Flamingo, 1998.
10) Douglas Coupland, *Polaroids from the Dead,* 1st ed. New York, N. Y.: Regan Books, 1996.

다만 해골이 후대의 소망을 기원하며 죽어가면서 읊조릴 뿐이다. 히피들의 이상적인 꿈이, 죽어가는 절망적인 도시와 대조되며 치명적인 비관주의의 한 장면을 보여준다.

한편, 삶에 대한 가속 편집적(fast/cutting) 접근으로 볼 수 있는 포스트모던 다원주의의 주장은 돌봄(care)이라는 차원과 연계될 필요가 있다. 다원주의는 새로운 것이 아니다. 근대 자유주의는 다원주의를 높이 평가했다. 그러나 포스트모던 시대인 지금은 다원주의의 이상이 아주 사적인 것으로 변했다. 다원적 신념들은 서구사회 전 영역에 걸쳐 보편적인 거대 서사(metanarrative)를 형성하면서 환영받았었다.

반면, 포스트모던 시대의 다원주의는 거대 서사를 해체하는 일에 몰두한다. 거대한 질문에 대해 모든 이가 동의하고 모든 의견을 수렴할 수 있는 하나의 대답을 찾는 대신, 우리는 이제 서로 경쟁하는 많은 대답을 가지고 있다. 이를 두고 관점, 사상, 신념의 모자이크라고 할 만하다. 우리는 이제 우유를 첨가할 것인지 말 것인지, 작은 컵과 큰 컵 중 어떤 것을 선택할 것인지, 한 잔인지 두 잔인지를 결정해야 하는 커피숍의 계산대에 서 있는 것처럼 우리 자신의 세계관을 개인적으로 선택해야 할 시대에 살고 있다. 우리에게 세계관 선택의 폭이 좁다 할지라도 이 이미지에서 저 이미지로, 이 사상에서 다른 사상으로, 마치 루어만 감독이 영화 예고편에서 사용한 방식처럼 빠르게 이동할 수 있다.

즉흥적 라이프스타일 *(Pick-and-mix lifestyles)*

파편화(fragmentation)는 위기인 동시에 기회이다. 루어만의 카메라 줌은 복합적 공동체들이 함께 드러나는 도시를 포착한다. 몽타규 가(家)와 카플릿 가(家)를 함께 배치하고, 다양한 집단들이 서로 충돌하는 모습을 보여주는데, 흑인 남성 경찰서장과 신문을 읽고 있는 흑인 여성을 갑자기 등장시켜 소수인종과 여성을 강조한다. 우리 시대가 몽타주(montage, 심리적으로나 주제적으로 관련 있는 여러 개의 화면을 급속히 연속시키는 영화의 기법, 역자 주)와 같은 문화로 흘러가면서, 라이프스타일에 대한 선택의 범위도 명확해졌다. 정체성은 이제 다양한 얼굴의 문화 속에서 자기 마음에 끌리는 대로 집어 들고(pick) 합성하며(mix) 구성한다.

'유동적 근대성(liquid modernity)'이란, 생산 중심적이며 경직되고 구조화된 근대성의 시대가, 불안정하고 개인 주도적이며 유동적인 삶의 방식의 시대로 변화하는 문화적 이동을 표현한 것이다. 문화적으로 사람들의 삶을 변화시킨 방식은, 저마다 원하는 상대로 짝을 바꾸어 추는 춤과 같이 되었다.

삶의 방식이 잘게 조각난 포스트모던 세상에서 살아갈 때, 우리의 삶의 터전에 대한 전제들은 미묘하게 변화될 수밖에 없다. 안젤라 맥로비(Angela McRobbie)는 "포스트모더니즘이 젊은이들에게 광범위한 호소력을 갖는 이유는, 그들이 빈약한 일자리와 불안정한 노동시장과 같은 사회의 강력한 파편화를 경험하기 때문이다."[11]라고 주장한다. 그들에게 직업, 가정, 가족, 친구 등 어느 것 하나도 영원한 것은 없다. 핸드폰과 노트북, 그리고 PDA 세대에게는 사무용 책상이 사이버 데스크로, 지상통신이 위성 통신으로 대체되었다. 근대의 공장이 분업과 생산, 팀워크(teamwork)를 강조하는 반면, 포스트모던 산업은 속도, 혁신(innovation), 그리고 독립적 작업에 가치를 둔다.

인터넷을 통해 우리는 즉흥적 삶이 최고조에 달한 형태를 볼 수 있다. 인터넷은 개인의 종교, 가족, 직업이 무엇이든 외부의 제도와 규칙으로부터 자유롭게 해 준다. 웹 사용자들은 마우스와 브라우저(browser)를 오간다. 가상 스크린은 개인에게 무한한 가능

이 음악을 들어 보세요

"My Culture,"
1 Giant Leap,
Palm Pictures, 2001.
이 노래는 조상 때부터 아버지의 사랑이 결핍된 정체성에 대한 달콤 씁쓸한 경험을 노래한 것이다. 우리는 어떻게 이 깨진 관계(아버지와의, 역자 주)의 문화 속에서 다시 정체성을 형성할 수 있을 것인가?

---

11) Angela McRobbie, *Postmodernism and Popular Culture*. London; New York: Routledge, 1994, p. 23.

성을 가진 지구촌을 열어준다. 개인 사용자들은 채팅과 클럽 활동을 통해 새로운 정체성을 만들어 나가기도 한다. 인터넷의 여러 사이트들은 각 자의 텍스트와 그래픽을 서로 제공하면서 하이퍼링크(hyperlink)를 통해 항상 연결되어 있다. 이곳은 개인화된 세상이며, 소비자가 최고의 영향을 행사하는 곳이다.

개인의 취향이 중요한 이 즉흥적 라이프스타일의 심장부에는 자기 정체성에 대한 갈망이 있다. 사회학자 마단 사룹(Madan Sarup)과 타스님 라자(Tasneem Raja)는 "오늘날 수백만의 사람들이 자신들의 '뿌리'를 찾고 있다. 그들은 그 옛날 자신들의 조상이 살았던 그 도시, 나라, 대륙을 찾고 있는 것이다..... 그것은 그들에게 있어서 정체성이라는 하나의 건축물을 짓는 것과 같다."[12] 라고 주장한다. 이러한 현상이 가장 두드러진 곳 중 쇼핑몰이 단연 최고이다.

정체성과 라이프스타일, 이 두 요소는 오늘 우리 시대의 문화를 극명하게 보여주는 대형 쇼핑몰에서 나란히 발견된다. 쇼핑몰에서 당신은 여러 가지 정체성을 의미하는 장신구들—최신 유행품, 고전적인 것, 강렬한 것, 부드러운 것, 달콤한 것, 섹시한 것 등—을 폭넓게 선택할 수 있다. "이미지, 스타일, 그리고 디자인을 만들어 내며, 또 의미 규정의 임무를 근대의 거대 서사로부터 넘겨받을"[13] 정도로 엄청나게 확장된 모습을 볼 수 있는 곳도 바로 그곳이다. 당신의 삶의 스타일을 순간적으로 집어 들어 버무릴 수 있는 곳이 바로 몰(mall)인 것이다. 동시에 그 선택은 생각만큼 그리 개인적인 것만이 아니라는 것을 알아야 한다. 선택은 우리의 통제권 밖에 있는 권력에 의해 이미 정해져 있는 경우가 많다.

---

12) Madan Sarup and Tasneem Raja, *Identity, Culture and the Postmodern World,* Edingburgh: Edingburgh University Press, 1996, pp. 3, 11.
13) David Lyon, *Postmodernity,* Buckingham: Open University Press, 1994, p. 61. 그는 "차이와 다름을 획득하면서 우리의 자아(이미지)를 구성해 나가려는 욕구"에 대해서도 이야기한다. Lyon, p. 66.

선택의 바다가 무한하게 보이겠지만, 사실 포스트모더니즘의 비관주의가 그 수면 위를 부유하며 떠다닌다. "저는 16살 난 여학생입니다. 저는 콜로라도 스프링스(Colorado Springs) 시내에 있는 공립 고등학교에 다녀요. 어릴 때부터 제 몸은 광고판이었습니다. 제가 읽기 시작하기 전부터 신과 옷, 그리고 저의 내면 깊은 곳에는 이미 각종 라벨(labels)이 붙어 있었어요." [14]

정체성은 몸에 걸치는 옷과 같은 겉모습에 관한 것만이 아니다. 그것은 개인의 경험이 경제활동을 주도할 뿐만 아니라 바로 그 경험 자체를 소비하는 것이다. [15] 별 볼일 없는 커피 열매가 생필품의 하나로 재배된다. 그것은 상품으로 개발되고, 또 서비스 차원에서 판매될 것이다. 어쩌면 커피를 마시는 행위가 당신의 정체성을 형성하는 요인 중 가장 핵심적인 것일 수도 있다. 그래서 경험이란 이제 개인 소비자가 자신의 라이프스타일을 만들어 가는 또 다른 장식물이 되었다.

정체성은 또한 우리의 사적인 인생 이야기를 공개적인 것으로 만드는 것이다. 나는 당신에게 내가 누구인지를 말하기 위해 나 자신을 정의한다. 그러한 모든 행위가 언어의 교환으로만 이루어지지는 않는다. 최근 급부상하는 문화를 보라. 문신이나 신체 장식(piercing)이 얼마나 많이 퍼져 있는가! 그것은 생동감 있는 삶을 표현하는 공개적 기념물이요, 시각적인 경험의 상징물인 것이다. 그 친구들에게 왜 문신을 하냐고 물으면, 그들의 삶의 이야기를 들을 수 있을 것이다. 나에게 왜 귀걸이를 세 개씩이나 했느냐고 묻는다면, 첫째, 그것은 내가 그리스도인임을 나타내는 것이며 다음

---

14) Anna Nussbaum, Letter to the Editor, *Harper's*, October 2000, p. 98. Cited in Tom Beaudoin, *After Purity: Contesting Theocapitalism*. 이에 대한 정보들은 다음 사이트에서 얻을 수 있다. www.ptsem.edu/iym/downloads/lectures_01/AFTERPUR.PDF
15) B. Joseph Pine and James H. Gilmore, *The Experience Economy: Work Is Theatre and Every Business a Stage*. Boston: Harvard Business School Press, 1999.

**몸 광고판
(the body billboard)**

1999년 11월 할리우드에서 열린 "영화와 영성 컨퍼런스(Reel Spirituality Conference)"에 참석한 나는 한 여성-그녀의 머리는 늘 연두색을 띠고 있었던 것으로 기억한다-을 소개했는데, 그녀는 영화감독과 토론하면서 자기 자신을 발견하는 경험을 했다고 말했다. "저를 보세요," 그녀는 말했다. "저는 갭(Gap, 의류브랜드, 역자주)의 걸어 다니는 광고판입니다. 만약 제 옷에 이 로고(logo)가 없었다면 내가 누구인지 몰랐을 것입니다." 그러고는 부연해서 설명하기를 자신이 맥도날드화된(McDonaldized) 문화에 의해서뿐만 아니라 젊은이에게 적절한 대안적 역할을 제시하지 못하는 영화감독들에 의해 착취당하고 있다고 불평했다.
– 올리브 드래인(Olive Drane)

으로는 목회자인 나의 정체성을 강조하기 위해 신중하게 선택된 것이었다고 말할 수 있다. 여러 가지 방법으로 몸을 가꾸는 방법으로 정체성을 표현하는 것은 우리가 세상을 보는 방식, 그리고 삶의 경험 속에서 발견되는 자연스러운 문화적 결과물이다.

우리 시대의 문화가 개인의 의미를 즉흥적으로 얻기 위해 관심을 기울이는 또 다른 영역이 바로 영성(spirituality)이다. 앞서 언급한 루어만 감독의 예고편에서 예수님 동상의 이미지는 계속 반복된다. 카메라는 예수님의 펼친 손을 따라 움직인다. 레오나르도 디카프리오(Leonardo DiCaprio)가 연기한 로미오는 교회 안을 열린 문틈 사이로 살짝 들여다본다. 영화 내내 촛불은 어렴풋이 켜져 있고 흰 십자가는 희미하게 비친다. 루어만의 세계에서는 영성이 매우 시각적인 라이프스타일을 대변하는 것으로 채택된다.

더글러스 코플랜드는 요즘 문화에 대한 책들을 줄곧 써 왔다. 참으로 재미있는 것은 그의 책에 등장하는 인물들이 대체로 영적인 사람이라는 것인데, 본인 자신이 종교를 가지고 있지 않다는 것을 고려하면 더욱 흥미로운 일이다. 그의 책에 등장하는 인물들은 광야로 뛰쳐나가서 벗은 몸으로 얼어붙은 물 속에 뛰어 들며 이렇게 고백한다. "내 비밀은 내가 신이 필요하다는 것이야." [16] 그들은 자신들만의 독특한 경험이 담긴 영성 의식과 촛불, 그리고 집안 전체를 뒤덮는 "아름답고 강렬한 작은 기념품들로" [17] 크리스마스를 축하한다. 그것은 가족이 되는 새로운 방식이다.

지금 나타나고 있는 우리 시대의 영성은 제파렐리(Zeffarelli) 감독 시대의 경직된 세속주의(secularism)와는 큰 대조를 보인다. "신은 죽었다."라고 외친 1960년대의 운동은 "당신이 보는 것이 당신이 가진 것이다(what-you-see-is-what-you-get)."라고 말하며 합리

---

16) Douglas Coupland, *Life after God*. New York: Pocket Books, 1994, p. 359.
17) Douglas Coupland, *Generation X. Tales for an Accelerated Culture*. 1st ed. New York: St. Martin' s Prss, 1991, 147.

적 객관성의 승리를 찬양했었다. 그러나 무관심이라는 석탄 찌꺼기 밑에서는 영성의 연기가 모락모락 올라오고 있었다. 땅 밑에서 〈뱀파이어 *Buffy the Vampire Slayer*〉와 〈엑스 파일 *The X-Files*〉과 같은 영화의 창조자들이 꿈을 꾸고 있었던 것이다. 불꽃을 일으키는 창의적 감독(루어만을 의미, 역자 주)과 디카프리오(DiCaprio)가 촛불에 어스름이 비친 신비의 문을 활짝 열어 젖혔다.

교회에게는 좋은 소식일 수도 있고 나쁜 소식일 수도 있다. 좋은 소식이라 함은 영성에 대한 갈망이 아직 사라지지 않았다는 점이다. 반면 나쁜 소식이라 할 수 있는 것은 기독교의 전통적인 전달 방식들이 더 이상 이 변화하는 문화 속에 사는 사람들에게 호소력을 갖지 못 한다는 것이다. 슈퍼마켓에서 즉흥적으로 물건을 고르는 일에 익숙한 사람들은 더 이상 자신의 삶과 무관한 거대한 이야기에 관심을 갖지 않는다. 포스트모던 시대의 사람들은 뉴에이지(New Age)나 불교에 대해서도 성경 이야기를 파악하는 일에 별 관심이 없는 것과 마찬가지로 별다른 호기심을 갖지 않는다. 그 대신 그들은 단순하게 어디선가 명상을 배우고 또 다른 곳에서는 치료에 효험이 있다는 수정 구슬을 구하려 애쓴다.

그러나 위기가 있는 곳에는 기회도 있다. 우리는 오늘날에도 우리가 가진 기독교의 풍부한 유산－이 파편화 시대에도 우리를 지탱하도록 하는 신앙 공동체의 새롭고도 아름다운 표현들－을 사람들에게 공급할 수 있다.

신부족주의(Tribalism, '신'은 이해를 돕기 위해 역자가 삽입함)

우리 시대의 세계가 조각조각 나눠지면서 새로운 부족들(tribes)이 출현하고 있다. 루어만 감독의 영화 〈로미오와 줄리엣〉에서는 새로운 부족들의 등장이 신문 독자나 경찰서장, 그리고 현대적으로 표현된 몽타규 가(家)와 카플릿 가(家), 또 거리의 갱들의 이미

지를 통해 표현되고 있다. 이 모든 것이 제파렐리의 영화에서는 단
조롭게 표현되는데, 즉 영국식 발음의 남성 내레이터(narrator)와
같은 이미지는 기존의 거대 부족을 상징하는 것으로 루어만의 세
계와는 분명한 대조를 이룬다. 포스트모던 사회는 공항의 라운지
(lounge)와 같아 보인다. 그곳에 있는 사람들은 모두 유동적이다.
승객들은 각 자 다음 행동을 취하기 위해 아나운서의 방송을 기다
린다.[18]

이러한 은유(metaphor)가 적합한 표현은 아니라 하더라도, 포
스트모던 문화 속에 나타난 소외감, 즉 단절을 잘 암시하고 있
다. 이제 이러한 파편화의 잠재적 위기에 직면하여, 새로운 형
태의 공동체가 등장하기 시작했다. 나는 새롭게 출현하고 있는
(emerging) 공동체의 형태 중 하나인 웹블로그(weblog)를 시작
했는데 사실 가상공간의 세계에서 새로운 공동체를 경험하는 것이
어느 정도 가능할지는 의심스러웠다.

하지만 그 결과는 기대 이상이었다. 그 안에서 관계성이 날로 번
성했고, 서로가 가진 것들을 나눌 수 있었으며, 관계의 지평이 확
장되는 것을 경험했다. 심지어는 서로 이방인이었던 이들이 곤란을
겪는 동료를 도우려 서로 물질적으로 혹은 감정적으로 돕기 시작
했다. 오늘날의 사회가 과거 우리에게 소속감을 제공하던 거대 담
론을 무력화시키고 있는 것이 사실이지만, 새로운 부족들은 서로
가 연결되어 있음을 느끼는 새로운 방법을 찾고 있다.

오늘날 개인은 자기 삶의 의미를 찾기 위해 모이기를 원하고 있
다. 그래서 공동체는 개인에게 하나의 도구가 되었다. 코플랜드
(Couplnad)는 사막으로 여행하는 앤디(Andy), 클래어(Clair), 그
리고 댁(Dag)에게 "여행하는 동안 자기의 이야기를 나누고, 자신

---

18) Bryan S. Turner, "The Possibility of Primitiveness: Towards a Sociology
    of Body," in *Body Modification*. Ed. Mike Featherstone. London: Sage,
    2000, p. 42.

들의 삶을 멋진 이야기로 만들라." [19]고 말한다. 그들은 모두 한 부족 안에서 공동의 목적을 찾고 있다.

코플랜드가 쓴 십여 개의 소설들은 모두 신부족을 집중적으로 다루는데, 이 부족은 개개인들이 모여 이룬 소규모 사회로서 삶의 의미를 추구하는 집단들이다. 이러한 부족 공동체들은 기존의 거대 부족과는 달리 배타적이거나 특정 세대를 반대할 필요를 느끼지 않는다. 그의 책 〈X세대 *Generatiion X*〉의 결론부에서 주인공인 앤디(Andy)는 새에 의해 상처를 입는다. 정신지체 여자 아이 한 명이 앤디의 상처에 관심을 갖고 "상냥하게 쓰다듬기도 하고 호의적이면서도 치유적인 포옹을 하기 시작한다. 그것은 바로 신앙적인 치유의 몸짓이었다." 앤디는 그 아이의 친구들인 다른 정신지체아들에게도 친구로 받아들여진다. 앤디에게 그들은 "돌봐주고, 치유하고, 무조건 용납해주는 인스턴트(instant) 가족인 것이다." 앤디는 결국 코플랜드가 "사랑의 충돌(crush of love)" [20]이라 부르는 특별한 경험을 했던 것이다. 그것은 전혀 동질적이지 않는 사람들 간에도 관계성의 엄청난 능력을 발전시킬 수 있다는 비전, 즉 구원으로 인도하는 새로운 비전을 보여주는 것이다.

소수인종(the ethnic edge)의 약진

기술(technology)은 목소리나 경험이 전혀 다른 부족들에게도 어려움 없이 접근할 수 있도록 해 주었다. 넬슨 만델라(Nelson Mandela)는 로벤(Robben) 섬의 감옥에서 풀려나는 자신의 모습을 TV에서 본 알래스카(Alaska) 10대 에스키모 소년과의 만남을 기억한다. "우리의 지구가 이렇게 작아졌다는 사실이 나에게 아

---

19) Douglas Coupland, *Generation X: Tales for an Accelerated Culture.* 1st ed. New York: St. Martin's Press, 1991, p. 36.
20) Ibid., pp. 177–179.

주 강력한 인상을 주었다… TV는 세계를 줄여 놓았다.”[21] 전자 미디어의 세계적인 보급은 지역문화의 다양성을 증진시킨다. 따라서 피터 코니(Peter Corney)는 이렇게 말한다. “오늘의 도시는 문화적으로 풍부하고 환상적인 곳이다. 그러나 그것은 또한 하위문화(subcultures)의 새로운 부족주의를 만들어 낸다. 그렇게 광대한 도시가 하나로 묶일 수 있는 것은 오직 전자 미디어의 덕택이다. 그것은 역설적이게도 문화를 동질화(homogenize) 시키기도 하고 파편화하기도 한다.”[22]

음악은 주변부 문화를 나르는 또 다른 운반 수단이다. 문화 역사학자 스티브 레드헤드(Steve Redhead)는 락(rock)과 팝(pop)이 지난 20년 동안 세계 음악(지역 음악, 역자 주)으로 인해 그 영향력에 있어 얼마나 많은 방해를 받아왔는지 설명하고 있다.[23] 힙합(hip-hop)과 유사한 스타일의 음악들이 이제 주류가 되었다. 그러한 독특한 스타일의 음악을 통해 10대들은 그들의 부모 세대와는 달리 세상의 다른 곳에 사는 청소년들과 문화적으로 더 쉽게 결합하는 경향이 있다.

전 지구적 통일성의 또 다른 측면이 바로 지역화된(localized) 다양성이다. 조지 리처(George Ritzer)는 초국적 기업들이 “상표붙이기(branding)”라는 효율적이고 합리적인 방식을 통해 동질화되고 표준화된 상품을 전 세계에 어떻게 보급하는지 연구했다.[24] 이는 미국 문화를 전 세계에 수출하는 현상과 같은 것인데, 리처는 이 같은 현상을 “맥도날드화(McDonaldization)”이라고 불렀다. “맥도날드화”는 누구에게나 어느 곳에 있든지 미국인의 티셔

---

21) Nelson Mandela, *Long Walk to Freedom*. Great Britain: Abacus, 1995, pp. 699-700.
22) Peter Corney, “Have You Got the Right Address? Post-Modernism and the Gospel,” *Grid*, 1995. 이와 유사한 자료로는 다음을 보라. D. Crane, *The Production for Culture*. California: Sage Publication, 1993.
23) Steve Redhead, *The End of the Century Party: Youth and Pop Towards 2000*. Manchester: Manchester University Press, 1990.

츠, 청바지, 신발, 패스트푸드(fast food)를 경험하게 하는 것이다. 중국이든 뉴욕(New York)이든 맥도날드는 깨끗한 화장실과 튀긴 감자가 딸린 빅맥(Big Mac) 세트를 제공한다. 맥도날드는 자신들만의 독특한 먹을거리 경험을 창조하고 미국 문화의 이미지가 배어 있는 볼거리를 제공한다. 동시에 맥도날드는 마이애미(Miami)에 있는 '작은 하바나(Little Havana)'의 대리점에 스페인 풍의 지붕을 올리고, 또 뉴질랜드에서는 지역의 스포츠 스타 이름을 본따 "로무 버거(Lomu Burger)"라는 햄버거를 출시함으로 주변부들의 문화에 응답하기도 한다.

이상한 것은, 세상이 맥도날드화가 되면 될수록, 주변부인 각 지역의 목소리가 커지고 주변지역과 중심지역이 융합된다는 사실이다. 미디어가 인터넷을 사용하고 항공여행을 다니며 초국적 기업들의 문화적 제국주의와 경제적 착취를 고발하는 저항자들(protestors)의 이미지를 전 세계에 실어 나른다. 지구화에 저항하는 나오미 클레인(Naomi Klein)의 저작 〈No Logo〉는 웹(Web) 관련 기술의 물결에 의해 운반된 마케팅의 성공 이야기를 담고 있다.[25] '지구지역화(glocalization)'라는 용어는 '지구(global)'와 '지역(local)' 사이에 발생하는 상호작용을 묘사하기 위해 사용되어 왔다.[26]

소수인종 문화와 같은 주변부 문화의 영향력이 확대되는 것이, 표면적으로는 매우 바람직한 것으로 보일 수 있다. 그렇지만 몇 가지 사항에 유의해야 한다. 첫째, 지구화 시대의 패배자들에게 관심을 가져야 한다. 오늘의 문화가 우리의 전 지구를 향해 그 영향

스티브의 첫 번째 엽서를 읽고 어떻게 느꼈느냐고? 나는 많은 것을 알게 되었다. 그는 자신이 이해하는 만큼 동시에 그것을 느끼는 신뢰할 만한 가이드(guide)이다. 그래서 나는 그가 무엇을 느끼고 있든 신뢰할 수 있을 것 같다. 그의 엽서는 아주 편안하게 느껴진다. 이 엽서에서 말한 새로운 경관들은 우리가 사는 현실 그대로이다. 우리는 그것을 악마처럼 보거나 무섭게 여기거나 혹은 즉각적으로 대응해야 할 어떤 것으로 부담가질 필요가 없다. 시간적으로 여유를 가질 필요가 있다. 잠시 쉬며 귀를 기울이라. 이 새로운 시대를 가로질러 불어오는 하나님의 산들바람 같은 속삭임을 들어 보라. 나는 그의 엽서를 읽고 희망을 느낀다. 스티브는 이 새로운 세상의 무대에서 제대로 "연주할 줄" 아는 사람이다. 그는 그의 악기를 열심히 연주하려 노력한다. 하나님의 복음이 우리 시대의 적절한 언어로 저절로 번역되는 것이 아니기 때문에, 그는 새로운 부족들(tribes)이 복음의 씨앗을 품은 자궁이 될 수 있다고 믿는다.
– 제라드 켈리(Gerard Kelly)

---

24) George Ritzer, *The McDonaldization of Society: An Inverstigation into the Changing Character of Contemporary Social Life.* Newbury Park, Calif.: Pine Forge Press, 1993.
25) Naomi Klein, *No Logo.* Iberica, Ediociones, S. A.: Paidos Iberica, 2001.
26) 이 책을 보라. Roland Robertson, *globalization: Social Theory and Global Culture.* London: Sage, 1992.

력을 넓히고 있지만, 모든 사람이 공평하게 대우받고 있다고 느끼지는 못한다. 새로운 부족주의 시대에도 불안하고 어두운 구름이 드리워져 있는데 바로 근본주의(fundamentalism)의 그림자이다. 오늘날과 같이 파편화된 세상에서는 단순한 흑백 논리가 외부의 힘에 의해 자신들의 권리를 박탈당했다고 느끼는 이들을 쉽게 흥분시킨다. 이슬람교, 힌두교, 기독교 어떤 종교든 보수적 종교 공동체들의 열광적 지지자들이 최근 증가하고 있다. 루어만 감독의 〈로미오와 줄리엣〉에서 예수님의 동상들은 카플릿 집안과 몽테규 집안 사이에 누가 보더라도 확연히 드러나도록 배치되곤 한다. 이 장면이 우리에게 던지는 질문은 우리가 대답하기 곤란한 것이다. "과연 종교가 우리를 분리시키는가? 아니면 통합하는가?"

둘째, 주변부 문화의 부흥을 빌미로 부추겨지는 상업화를 주의하라. 포스트모더니즘에 숨어 있는 상업화 전략은 주변부나 변방의 고유한 특징을 약화시킨다는 비판을 들어왔다. 포스트모더니즘의 상업화 전략은 "비서구 지역의 개인과 사회에게 삶의 의미를 부여하던 모든 것을 파괴한다.... 서구인의 눈에 비서구 문화는 유색인종의 특이한 멋에 불과하거나 아무런 상징도 없는 어떤 것으로 비치기 일쑤이다."[27] 서구 문화는 고대 문화와 지역의 다양한 문화를 공동(空洞)화시키는 방식으로, 약자들을 상업 논리로 장악하고 주변부를 침략하는 것이 아니겠는가?

지금은 우리가 "함께" 살아가는 세상이다. 또한 신흥교회가 등장하는 시대이다. 한 손에는 비디오 리모컨, 다른 손에는 복음을 들고 앉아 있는 그러한 세상인 것이다. 예수님께서 바로 이런 세상 가운데 계신다. 음악과 텍스트와 이미지의 폭발할 것 같은 혼합 속에서 교회와 예배의 새로운 표현들이 등장하고 있다. 서구

---

27) Ziauddin Sardar, *Postmodernism and the Other*, pp. 13014, 22. 또한 개인이 대중문화에 응답하며 잘 견디어 낸다고 하는 미셸 드 세르토(Michel de Certeau)의 주장과는 대조적인 입장을 가지고 있다는 점을 주목해야 한다. 이것에 대해서는 두 번째 엽서에서 살펴보겠다.

의 기독교는 쇠퇴하고 있다. 그런 중에 창조성(creativity), 공동체(community), 그리고 예배 의식(ritual)에 대해 새롭고 독특한 기독교적 발상으로 접근하려는 움직임이 활발하게 전개되고 있다. 많은 기독교 단체들이 포스트모던 시대에 선교의 주변부를 향하여 창의적인 상상력의 배를 타고 항해하고 있다.

더 참고하면 좋은 책들

Mike Featherstone, *Consumer Culture and Postmodernism.* London: Sage Publication, 1991.

David Lyon, *Postmodernity.* Buckingham: Open University Press, 1994.

Jean-Francois Lyotard, *The Postmodern Condition. A Report of Knowledge.* Translated by Geoff Bennington and Brian Massumi. Minneapolis, Minn.: University of Minnesota Press, 1984.

Angela McRobbie, *Postmodernism and Popular Culture.* London; New York: Routledge, 1995.

Alan Roxburgh, Reaching *a New Generation: Strategies for Tomorrow's Church.* Vancouver, British Columbia: Regent College Publishing, 1993.

Ziauddin Sardar, *Postmodernism and the Other: The New Imperialism of Western Culture,* London/Sterling, Victoria: Pluto Press, 1998.

Ziauddin Sardar, *The A to Z of Postmodern Life: Essays on Global Culture in the Noughties.* London: Vision, 2002.

This Space for Correspondence

안녕하세요? 호주 시드니에서 연락드립니다. 저는 지금 막 글레베(Glebe)라는 근교의 한 카페(Cafe) 교회를 방문했습니다.

그들은 100년이나 된 교회 건물에서 모임을 갖습니다. 그곳은 높은 천정과 평평하고 하얀 벽이 있는 아주 환상적인 곳입니다. 혹시 이 모임을 미래교회의 모습으로, 즉 전통적인 교회의 죽어가는 공간으로 파고들며 새롭게 등장하는(emerging) 세대를 상징한다고 말할 수는 없을까요?

제가 방문한 그 밤에는 사람들이 테이블 주변에 카페 스타일로 안락의자에 앉아 있었습니다. 토론, 촛불, 영상, 그리고 꽤 괜찮은 색소폰 연주가 있었습니다. 나는 거기서 우리 시대의 생생하고도 실제적인 모습, 그리고 인생, 세계에 대해 진정으로 기독교적인 경험을 가졌다는 느낌으로 그곳을 나왔습니다. 오늘날 우리가 사는 세상에서 지금 하나님이 무엇을 하고 계신지 제대로 표현할 수 있는 방법은 어떤 것일까요?

Post Card
This Space for Address only
COMMEMORATIVE SERIES A901.
UNITED STATES OF AMERICA
5
5
POSTAGE FIVE CENTS

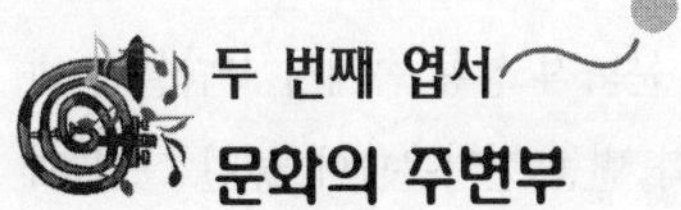

두 번째 엽서
문화의 주변부

박사과정 학업을 하던 초기, 나는 예수회(Jesuit) 수사 미셸 드 세르토(Michel de Certeau)의 저작들을 접하게 되었다.[28] 그는 17세기 신비주의자들을 연구했는데, 문화의 변혁기였던 17세기 당시, 그 신비주의자들은 교회의 주변부로부터 신앙을 새롭게 할 무엇인가를 찾아내는 역할을 수행했다. 세르토는 교회와 문화 양 측면에서 새롭게 도전하던 변화를 누구보다 빨리 인식했고, 그 변화의 경계선에 서서 그것을 위기라기보다는 오히려 기회로 여겼다. 그래서 그는 당시 그 변화에 대해 적극적인 관심을 보인 이들을 창조적이고 생동적인 신앙갱신의 주역으로 여기기 시작했다. 문화적 파편화의 시대에는 새로운 창조적 가능성이 기존의 주변부로부터 등장한다는(emerging) 것을 그가 알아챈 것이다.

1968년 5월, 세르토는 프랑스에서 학생과 노동자들이 일으킨 '68혁명' 당시 체포되었다. 기존의 제도권과 전통의 목소리들은 강력한 도전을 받았다. 하나로 통일된 것처럼 보이는 문화의 외양은 파편처럼 흩어져 버렸다. 그는 학생들의 저항, 폭동, 상점 파괴 등의 일탈 현상을 이해하려고 애썼다. 그러면서 그는 자신이 더 이상 문화변동의 역사적 추이를 연구하는 학자로만 머물지 않고, 그 의미심장한 역사적 문화 변동 속에 빨려 들어가고 있는 자신을 발견했다.

그후 1974년에 세르토는 프랑스 정부로부터 동시대 문화에 응답하며 살아가는 사람들의 방식에 대한 연구를 의뢰받았다. 그는 포스트모던 문화의 새로운 세상이 사람들을 집어삼켜 버리고 있는

---

28) 다음을 보라. Graham Ward (ed.), *The Certeau Reader*. Oxford: Blackwell Pub, 2000.

것은 아닌지 궁금했다. 변화하는 문화적 상황 속에서 사람들은 과연 어떻게 응답하고 있는가? 문화 변동 한가운데에 놓인 그가 과연 어디서 그 대답을 찾아야만 했을까?

아래로부터 등장하는 문화 (culture from below)

17세기 신비주의자들에 대한 연구를 통해 얻은 것을 세르토는 당시 주변문화 변동의 경계선에 서 있던 사람들에 대한 연구에 적용했다. 그는 새로운 방식의 삶을 연구했다. 그는 사람들이 그들 주변 문화의 파편들을 어떻게 결합시키는지 관찰했다.

그는 외부에서 침투해 들어오는 '대중문화'의 영향력을 창조적으로 극복한 수많은 변혁적 과정을 탐구했다.[29]

세르토에게 있어서 문화적 변화의 영향력을 가장 적절하게 이해할 수 있는 유일한 방법은 외부로부터 오는 충격만 살피는 것이 아니라, 그것과 함께 사람들이 어떻게 반응하는지 관찰하는 것이었다. 문화적 변화에 대한 토론이 단지 비디오의 내용이나 TV 프로그램에만 국한되어서는 안 된다. 그들이 보고 있는 것과 함께, 그 사람들이 무엇을 하고 있는지, 리모컨을 어떻게 사용하고 비디오를 어떻게 작동시키고 있는지, 말로 반응을 보이다가 나중에 작업실에서 그것을 어떻게 성찰하는지, 이 모든 것에 대한 관찰이 필요한 것이다.

문화라는 것은 물처럼 꼭대기에서 아래로 떨어지는 것이 아니다. 미리 결정된 형태로 대중들에게 배달되는 것도 아니다. 세르토는 문화가 결코 정체되어 있지 않는다고 주장했다. 문화가 대중과 만나게 되면 그와 동시에 문화도 대중을 따라 분화되고 재형성된다.

어떤 면에서는 우리는 모두 문화적 DJ(disc jockey)들이다. 우리

트랙백
(trackback, 인터넷 블로그 (blog) 사용자 간 의사소통의 한 기법으로 보통 "참조글"이라고 번역함, 역자 주)

트랙백은 소비자 사회로부터 공저작(co-authorship, 원 저작에 대해 대중이 반응하면서 발생하는 저작권의 확장 양상을 의미함, 역자 주) 문화에로의 변화를 반영하는 우리 시대의 문화 형식의 한 형태이다. 음악가들은 이제 자기 자신의 음악을 흐트러뜨려 다른 것들과 혼합하는 일에 열을 올리고, 영화감독들은 미래를 수정할 수 있으리라는 기대를 담아 영화를 만든다. 인터넷이라는 고도의 하이퍼텍스트 (hypertext) 대사전을 만드는 일에 열을 올려 온 이들은, 사용자들에게 크로스 링크(cross-link), 즐겨찾기, 트랙백, 댓글, 그리고 업그레이드와 프로그램 추가 등의 의사소통을 유지시킬 시스템을 더욱 쉽게 제공하려고 노력한다. — 앤드류 존스(Andrew Jones)

---

29) Michel de Certeau, *The Practice of Everyday Life*. Trans. Steven F. Rendall. Berkeley: University of Califonia Press, 1984.

들 각자는 각 종 프로그램과 이야깃거리, 노래 등을 끊임없이 기록하고 있다. 이 기록들은 개인적 멀티미디어라 할 만한 뇌에서 혼합된다. 물론 해아래 새 것이 없다. 창조성이란 무(無)로부터 생성되는 것을 뜻하지 않는다. 오히려 그것은 "원재료들을 재조합하고 재활용하는 것이다. 그렇게 해서 매우 중요한 의미가 새롭게 부여되기도 하는 것이다." [30]

여기 뉴질랜드에서도 나이키와 맥도날드가 각종 광고판과 거리 선전판을 도배하며 침투해 왔다. 그러나 세르토에 따르면, 이것을 외부의 일방적인 침투라고 여기는 것보다 뉴질랜드 사람들이 어떻게 이러한 현상에 반응하는지 살피는 것이 더 중요하다. 나이키 신발이 태평양 지역에서 다른 지역과는 다른 모양으로 변화되는 양상, 그리고 지역의 낙서(graffiti, 주로 거리나 폐기물 따위에 그린 낙서, 역자 주) 예술가들이 맥도날드의 로고를 이용하여 예술적으로 승화시키는 방식 등을 살펴볼 필요가 있다. 사람들을 보라. 대중문화의 외부적 충격에 대해 사람들이 반응하는 방식을 살펴보라.

지정학적이고 연대기적인 정보들을 샅샅이 뒤진 후, 세르토는 포스트모던 시대에 교회를 새롭게 한다는 것이 무엇을 의미하는지를 보여주는 중요한 단서들을 발견할 수 있었다. 우리 시대의 집단들은 지배적인 흐름에 일방적으로 정복당하지만은 않기에 서로 연대할 수 있게 된다. 그들은 자신들의 기억을 늘 생생하게 지니고 살아간다. 그들은 주어지는 준거틀(frames of reference)을 창조적으로 소화한다. 그것이 교회가 부과한 틀이라 할지라도 창조적으로 수용하여 자기 자신들의 새로운 정체성을 형성해 나간다.

현대 문화가 끼치는 부정적 효과에 대해 불평을 하거나 안절부절 못하고 불안해 하는 일은 오히려 쉬운 일이다. 그러한 일은 대

---

30) Mechel de Certeau, *Culture in the Plural. Edited and Introduction by Luce Giard.* Trans. Tom Conley. Minneapolis, Minn: University of Minnesota Press, 1977, p. 49.

우리는 영화 〈매트릭스 *The Matrix*〉를 통해 바로 공저작(co-authorhsip)이라는 형식을 경험했고, 이 영화는 철저히 그것을 반영했다.

〈매트릭스 1, 1999〉

매트릭스가 처음 영화관에 선보인 후 일주일도 안돼서 우리가 이메일(e-mail)을 통해 벌인 토론은 그 후 두 달 동안 지속되었다.

〈매트릭스 2, 2002〉

매트릭스 2가 개봉한 후 일주일 만에 우리는 블로그(blog)를 통해 이 영화에 대한 감상과 해석을 교환했다. 며칠 동안 그러한 일이 계속되었다.

중문화의 대공습에 짓눌려 복음의 미래를 암울하게만 여기도록 두려움을 조장한다. 그러나 세르토는 나에게 확신을 심어 주었다. 문화변동(cultural shift)은 오히려 기회가 된다는 믿음이다.

미용사(hairdresser)의 관점으로

이 문화 변동을 분석하기 위해, 세르토는 "전략(strategy)"과 "전술(tactics)"이라는 용어를 응용한다. 전략은 제도권(institutions, 종교, 사회, 단체 등 사회적 조직들, 역자 주)이 현실을 안정되게 조직하려고 노력하는 방법들을 말한다. 전술이란 사람들이 매일매일의 삶 속에서 외부로부터 다가오는 많은 전략에 대해 반응하는 것을 의미한다.

제도권의 전략을 민초(grassroots)들이 전술적으로 재활용하는 매우 놀라운 사례를 나에게 보여준 이는 내 미용사였다. 그녀는 뉴질랜드 시골에서 자랐다. 그녀에게 내가 침례교 목사라고 말했을 때, 그녀는 침례교를 좋아한다고 말했다. 그런데 그녀가 침례교를 좋다고 말한 이유는 교회에 나가기 때문이 아니고 놀랍게도 교회에서 운영하는 중고 옷가게 때문이었다.

조용히 가위질을 하면서, 그녀는 어떻게 그 가게가 자기 옷을 만들 수 있도록 도왔는지 말해 주었다. 값이 싼 천을 구해 서로 맞대고 기워서 낡은 것을 새로운 옷으로 만들 수 있었다고 했다.

그 미용사가 언급한 시골 침례교는, 공동체 사역의 하나로 중고 옷가게를 운영하는 전략을 통해 사람들에게 다가갔다. 그 미용사는 그 가게에서 파는 천들을 수집하여 붙이는 전술을 폈고, 그것을 새롭게 변화시키려고 창조적으로 노력했던 것이다. 물론 옷감을 그렇게 활용하는 것은 교회가 의도한 바가 아니었지만, 그녀에게는 매우 유익한 것이 되었다.

이 이야기는 신흥교회를 생각할 때면 항상 떠오르는 이야기인데,

그때마다 세르토의 주장을 상기하면서 창조적이고, 톡톡 튀는 재구성의 놀라운 능력을 가진 사람들을 생각해 본다. 그러한 사람들을 기독교적 용어로 표현한다면, 바로 하나님의 형상(the image of God)으로 지어진 사람들이다. 이는 모든 개인들에게 적용되는 초기 값(default setting, 컴퓨터 용어로 지정이 생략된 초기의 설정 값, 역자 주)에 해당된다. 하나님의 형상으로 지어진 인간은 급속하게 변화하는 세상에 반응하면서 자신들을 둘러싸고 있는 세상으로부터 샘플(sample)을 수집하여 창조적으로 새로운 것을 "만들어 낸다." 대중문화의 변화에 민감하게 반응하는 우리 시대의 그리스도인은 자신들에게 주어진 것들에 대해 시대에 맞게 재번역을 시도해야 한다. 그들은 예수님을 따르는 방식을 이 시대의 정황에 적합하도록 새롭게 구성하기 위해 교회 외부에서 현재 통용되고 있는 양식과 형식들을 참고하게 된다.

　박사 학위를 준비하며 나는 신흥교회들의 삶과 예배를 탐구하려 여러 곳을 여행했다. 특별히 뉴질랜드 교회들의 선교적 혁신(innovation)에 대해 조사하다가 오클랜드의 '시티사이드(Cityside)' 침례교를 주목하게 되었다. 그들은 '십자가의 길'(the Stations of the Cross : 성도들이 그 앞을 차례로 지나면서 기도하고 묵상하도록 그리스도의 수난을 그린 14개의 상(像), 역자 주)을 나름대로의 방식으로 새롭게 고안했다. 부활절의 의미를 묵상하기 위해 오늘날의 동시대적 이콘(icons)을 활용했고, 이러한 시도는 지역 언론과 TV에 보도되었다. 도심지 교회들이 대체로 쇠퇴해가고 있는데, 출석자의 50%가 20-30대인 이 교회만은 성장하고 있었다.[31]

　어떻게 쇠퇴해 가던 교회가 다시 부흥할 수 있었을까? 핵심은 예술적 접근에 있었다. 그 교회의 목사인 마크 피어슨(Mark Pierson)은 내게 이렇게 말했다. "처음부터 저는 이 공간이 미술

---

31) 2004년에 만들어진 것은 다음에서 볼 수 있다. www.cityside.org.nz/stations/index.html.

가장자리(edge)

최첨단 혹은 칼날(cutting edge), 날카로운 끝, 정신 나간(over the edge), 소수 과격파(lunatic fringe), 변방(back of beyond), 거나함(whoop whoop), 다른 지역에서 멀리 떨어진(middle of nowhere), 지구의 끝, 지평선, 소수자, 소외, 식민지, 경계, 아방가르드(avantgarde), 저 넘어(beyond here), 서양의 문(western front).....

당신은 이 단어들과 함께 무엇이 연상됩니까? 다음, 신선한, 명랑하게 하는(exhilarating), 놀라게 하는, 익명의, 의심의, 확인되지 않은(untried), 유행, 일시적 유행(a fad), 미래, 덧없는(ephemeral), 도달할 수 없는, 유지될 수 없는, 이해할 수 없는, 불안한, 받아들일 수 없는, 위험한, 창조적인, 깔끔한(cool), 거리감이 있는, 포함된, 웃음거리인, 접근해있는, 상상한, 지나친
- 캐시 커크패트릭
(Cathy Kirkpatrick)

가들에게 개방된 곳, 그래서 그들이 좋아할 만한 곳이 되기를 원했습니다. 난 사실 그것이 무엇을 의미하는지 잘 몰랐어요. 왜냐하면 저는 예술가적 자질을 가지고 있지도 못했고, 한 번도 미술을 공부한 기억이 없기 때문이었습니다. 저는 다만 그들이 교회에서 잘 드러나지 않는다는 사실, 그리고 교회가 가진 그들에 대한 편견이 무엇인지 들을 수 있었던 것이죠." [32]

그래서 실제로 그들을 지원해 주는 네트워크(Kissing Hot Coals)를 만들어 미술 영역에 있는 이들의 참여를 북돋아 주기 시작했다. 첫해에 "시티사이드 교회는 예술가들을 지원합니다."라고 쓴 머리글이 전면에 있고 나머지 공간은 비어 있는 다양한 크기의 소식지를 만들었다. 그는 미술가들에게 그 빈 곳을 서로 다른 모양으로 채우라고 요청했다. 그들은 더 많은 사람들이 앉을 수 있도록 하고, 사람들의 마음에 어떤 일이 일어나고 있는지 해석할 수 있도록 건물의 디자인을 바꾸었으며, 기도할 수 있는 곳을 따로 만들었다. 예술가들의 상상력을 고취시키는 이러한 노력들이 교회의 성장과 영향력 확장에 연료를 제공한 셈이었다.

'십자가의 길'은 회중들에게 고대 그리스도인들이 행했던 묵상의 길을 그들의 방식으로 제공하는 초청장이 되었다. 기독교 공동체로부터 거의 변방에 위치해 있다고 느끼는 이들이 기독교적 이야기와 기독교적 전통에 창의적으로 참여할 수 있도록 초청되었다. 이렇게 변방에 위치한 이들, 즉 교회에서 잘 드러나지도 않을 뿐더러 제대로 돌봄을 받지도 못한 이들이 창조적인 공간을 갖게 되었을 때, 그 공간은 도시의 모양을 바꾸어 놓았고 신앙 공동체 안에서 활짝 꽃피게 되었던 것이다.

---

32) 마크 피어슨(Mark Pierson)과의 인터뷰에서 가져왔다. 전문은 다음에 있다. Steve Taylor, *A New Way of Being Church: A Case Study Approach to Cityside Baptist Church as Christian Faith "Making Do" in a Postmodern World,* PhD thesis, University of Otago: Dunedin, 2004.

가장자리 변방의 이스라엘

그 교회에서 얻은 통찰력은 내 생각을 발전시키는 일에 있어 큰 도움이 되었다. 그때부터 나는 신흥교회를 오랜 역사를 가진 사도적(apostolic) 교회의 전통 안에서 바라보기 시작했다. 이스라엘을 생각해 보자. 그들은 노예와 자유인의 경계에서 탄생한 공동체였다. 사막의 변방에서 새로운 공동체를 위한 행동강령이 주어졌다. 토라(Torah)라고 불리는 성경의 처음 다섯 책은 위기의 때에 어떻게 공동체 생활을 영위해야 하는지 알려주는 지침이었다. "이스라엘아, 하나님을 따르라! 너희는 애굽에서 속박된 노예였다. 너희는 약자를 보호하라. 이스라엘아, 너희도 애굽에서는 이방인이었다." [33] 이스라엘에게 있어서 사막이라는 경계는 공동체의 미래를 향하는 새로운 모판이 되었다.

수백 년이 흐른 뒤에 이스라엘은 다시 경계의 땅에 들어갔다. 바벨론 유수! 그들은 배제와 소외로 점철된 변방의 삶을 경험했다. 이스라엘 민족은 이렇게 부르짖었다. 어떻게 우리가 이방 땅에서 주님을 향한 노래를 부를 수 있단 말인가?[34] 바벨론 유수 동안, 그들은 분열, 분산되어 있던 하나님에 대한 생각의 조각들을 주워모을 수 있었다. 이제 성전 제도를 기반으로 한 전략은 그 실효를 다했다. 대신 이렇게 가장자리 변방의 경험으로부터 유대인의 신앙이 다시 활력을 얻게 되었는데, 성전에서 회당(synagogue)으로의 변화가 그것이었다. 이러한 전술상의 변화는 타민족과 타종교의 한 가운데에서 살아가야 했던 세월 동안 자신들의 신앙을 유지하기 위한 것이었다.

여기에는 또한 가장자리 변방의 혼란스러움과 그 모든 것을 품으시고 살아있게 하시는 성령님의 놀라운 상호작용이 있다. 창세기 1

---

33) 출애굽기 12:49; 20:2 또는 22:21 등을 참고하라.
34) 시편 137:4, NRSV.

장에서는 하나님의 영이 아직 창조가 시작되지 않은 때에 혼돈 위를 운행하시고, 드디어 하나님의 선하시고 창조적인 사역을 시작하신다. 그 영에 대한 다음과 같은 언급들은 또 다른 경계에 서는 경험이다. 하나님의 백성이 황무지를 지나고 있을 때, 하나님의 영이 "능력과 지각, 그리고 지식과 모든 솜씨를"[35] 주신다. 제자들이 십자가, 부활, 그리고 승천의 감동 속에서 기다리고 있었을 때, 하나님의 성령이 뚫고 들어오셨다. 사도행전은 성령이 오시고 몸이 변화될 때(재림을 의미함, 역자 주)까지 교회에 나타날 미래를 보여준다.

경계 지역

나는 최근 부자지간인 데렉(Derek)과 닉(Nic)의 그림 몇 점을 구입했다. 그림의 반쪽 면은 선명한 빨강과 노랑으로 "경계 지역(Border Country)", "나는 늘 새로운 언어를 익히는 존재이다."라고 적혀 있다. 다른 한 쪽에는 칙칙한 검은 색으로 브루스 스프링스틴(Bruce Springsteen)의 노래 가사가 적혀 있다: "어이 경찰 양반, 나를 막지 마시게나." [36]

난 빨갛고 노란 면이 더욱 마음에 든다. 포스트모더니즘의 표어와 같은 "늘 새로운 언어를 배운다."는 글귀가 좋았다. 여러 가지 면에서 그것은 "경계 지역"에 있는 것처럼 느끼게 한다. 경찰들은 나에게 그곳에 가지 말라고, 포스트모더니티는 나쁜 곳이라고 말했다. 포스트모던적이 되면서도 그리스도인이 된다는 것의 위험에 대해 나는 많은 경고를 받았었다. 혼합주의로 빠져들어 혹시라도 신앙을 잃어버릴지도 모른다는 경고였다.

하지만 나는 그 위험 지역으로 빨려 들어갔다. 미셀 드 세르토(Michel de Certeau)가 나에게 주변부인 변방이 미래의 모판이기

---

35) 출애굽기 31:2-5, RSV.
36) Bruce Springsteen, "State Trooper," *Nebraska*, 1982.

에 내가 그렇게 그곳으로 빨려 들어간 것이라고 말했을지도 모르겠다. 그는 아마도 이렇게 나에게 용기를 주었을 것이다. "모든 문화는 그 가장자리(margin)를 따라 확산된다."[37] 경계선에 놓인 지역은 그래서 놀라운 창조성을 드러내는 장소가 된다.

성경은 하나님께서 항상 가장자리 경계에 머물러 계셨다는 사실을 나에게 알려준다. 지금이 서양의 기독교가 쇠퇴하고 신앙이 주변화되는 시점이라면, 경계 지역에서 새로운 성령의 역사를 발견하려 애쓰는 것은 그리 위험한 일이 아니다. 가장자리 변방, 그 경계선상에서 나는 오히려 예언자, 시인, 사도들을 만난다. 그들은 하나님을 나에게 보여주려 애쓰고 있다. 나는 모든 것을 품으시고 생명을 수여하시는 성령님을 만날 수 있다. 하나님의 방식에 있어서는 신흥교회가 아마도 새로운 신앙 형태의 모판이 될 수 있을 것이다.

포스트모던 교회 혹은 신흥교회는 단지 겉보기에 매력적이고 손쉽게 사용할 수 있다는 이유로 단지 하나의 기술로서만 수용되거나 거부될 수 있다는 위험을 실제로 늘 안고 있다. 사실 그럴 만도 하다고 본다. 다음에 볼 엽서에서는 신흥교회의 선교 원리를 더 명확히 할 것이고, 이러한 교회들을 통해 하나님께서 하신 일을 지지하고 강화시킬 수 있는 신학적 근거들을 제시할 것이다.

---

37) Certeau, *Culture in the Plural, Edited and Introduction by Luce Giard*, p. 76.

더 참고하면 좋은 책들

Tom Beaudoin, *Virtual Faith: The Irrevent Spiritual Quest of Generation X*. San Fracisco: Jossey–Bass, 1998.

Michel de Certeau, *The Practice of Everyday Life*. Trans. Steven F. Rendall. Berkeley, Calif: University of California Press, 1984.

John Drane, *The McDonaldization of the Church*. London: Darton, Longman, and Todd, 2000.

Gordon Lynch, *After Religion: "Generation X" and the search for Meaning*. London: Darton, Longman, and Todd, 2002.

Michael Riddell, Mark Pierson, Cathy Kirkpatrick, *The Prodigal Project*. London: SPCK, 2000.

Alan Roxburgh, *The Missionary Congregation, Leadership, and Liminality*. Valley Forge, Penn.: Trinity Press International, 1997.

Terry Veling and Thomas Groome, *Living in the Margin: International Communities and the Art of Interpretation*. New York: Crossroad Publishing, 1996.

참고할 만한 웹사이트

www.cafechurch.org.au
www.emergingchurch.org
www.emergingchurch.info
www.emergentvillage.com

관련 웹사이트 모음

www.cafechurch.org.au

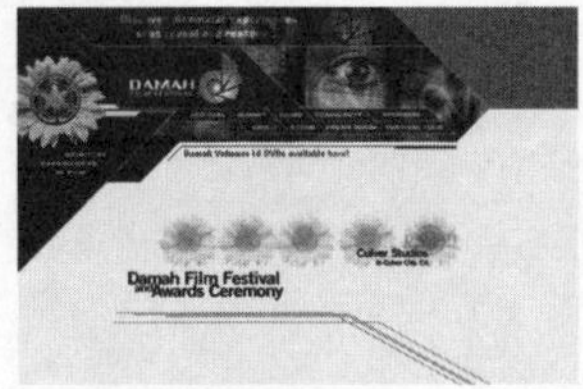

www.damah.com

사이버 공간여행

신흥교회 관련
웨사이트를 모았습니다.
각 장 마지막 부분을 보
시면 관련 웹사이트들이
나옵니다.
찾아 검색해 보세요.
그리고 '참고할 만한
자료'들을 검색사이트에서
찾아 공부해 보세요.

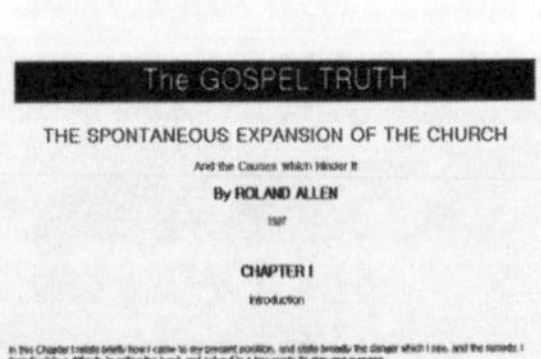

www.emergentvillage.com

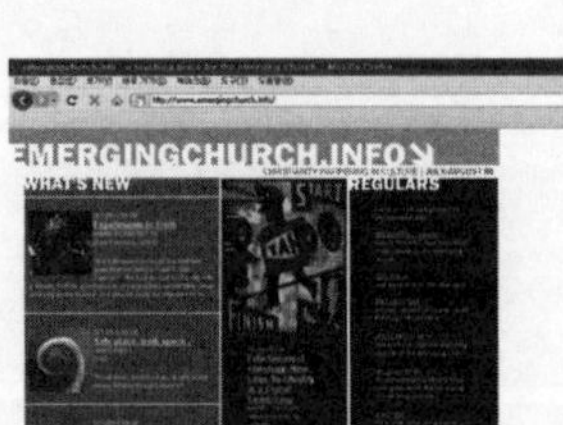

www.emergingchurch.info

www.gospeltruth.net/allen/
spon_expanofch.htm

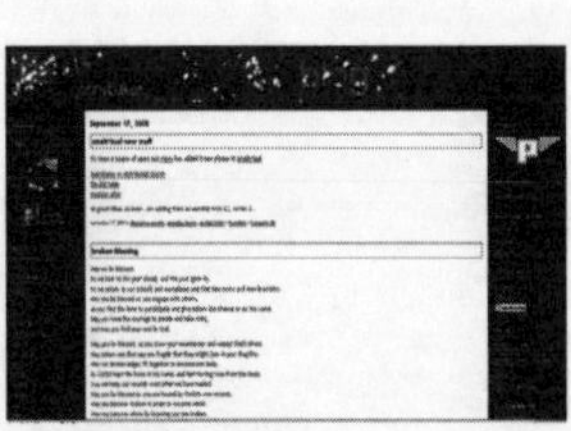

http://jonnybaker.blogs.
com/jonnybaker

www.yfc.co.uk/
labyrinth/online.html

www.neave.com/lab/
misc/imagination.html

PART **TWO**
제2장 떠오르는 열정의 개척자들

EMERGING FIRESTARTERS

교회의 경계를 넘어 다시 교회로!

Learning to Create a Community of Faith in a Cult...

This Space for Correspondence

여기는 스코틀랜드의 에딘버러(Edinburgh)입니다. 나는 조금 전에 갈가마귀 (raven) 클럽의 기획회의에 참여하여 차 한 잔을 즐겼습니다. 그들은 살아 움직이는 생동하는 신앙을 갖기 위해 애쓰고 있었으며, 클럽 문화라는 형식으로 교회를 세우려는 모임입니다. 이 공동체의 핵심은 지역의 한 카페에서 갖는 주일 경오 모임입니다.

자연스러우면서도 관계적인 문화적 공간이라 할 수 있는 카페에서, 자신의 삶을 드러내는 그들의 방식이 좋아 보입니다. 여행 내내 나는 하나님께서 생 명력을 불어 넣으시는 새로운 모임을 계속 만나고 있습니다. 이러한 모임들이 등잠하고 실현되는 과정을 어떻게 신흥교회에 적용할 수 있을까요?

Post
Card
COMMEMORATIVE SERIES 1901
UNITED STATES OF AMERICA
POSTAGE FIVE CENTS
This Space for Address only

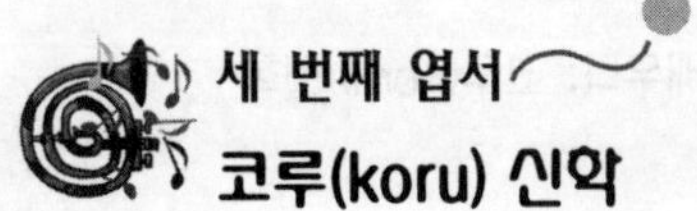

세 번째 엽서
코루(koru) 신학

나는 오늘 우리 동네에 있는 카페에서 의미 있는 일을 경험했다. 내가 주로 하는 영적 훈련 중 하나는 이상하게 들리겠지만 카페에서 커피를 마시는 것이다. 카페는 나에게 단지 커피를 마시는 곳만은 아니다. 카페에서 커피를 마시는 일은 문화의 한가운데에서 내 존재감을 느끼는 기회가 된다. 나에게는 우리 동네의 카페가 일종의 라운지(lounge)가 된다. 그곳에서 나는 대화를 하며 새로운 관계들을 만들어 갈 수 있다. 대화의 상대가 신앙을 가진 이라면, 그 대화의 주제는 곧 영적인 것이 될 것이다.

바로 오늘이었다. 카페 주인이 내 직업을 물었다. 오랫동안 목회를 하며 경험했던 바로는 보통 "저는 침례교(baptist) 목사입니다."라고 밝히면 곧 대화가 단절되곤 했다. 하지만 이번에는 달랐다. 그는 기다릴 기색이 전혀 없이 곧장 나에게 "거듭남(rebirthing)"을 믿느냐고 물었다. 세례(baptism)에 대해 먼저 언급한 이는 그였다(저자가 늘 먼저 신분을 밝히며 이 단어를 말하게 되었지만 이번에는 달랐다는 의미, 역자 주).

나는 내가 밝힌 나의 신분이 무엇을 의미하는지에 대해서 곰곰이 생각해 보았다. 하나님께서 나를 다시 태어나게 하셨나? 21세기의 교회에게 '거듭나게 하시는 하나님'이란 무슨 의미가 있을까? 이번 엽서에서는 바로 이러한 질문에 집중하고자 한다.

창세기 2장에서 창조를 배우다

주 하나님께서 천지를 지으실 때
서구 교회는 쇠퇴해 갔고, 푸코(Foucault)는 우리의 모든 언어가 억압적인 구조를 가지고 있음을 폭로했다.

땅에는 아직 초목이 없었으며
빈부의 격차는 더욱 커져갔고, 피난민들은 서양으로 들어가는 경계선에서 구걸을 한다.

밭에는 채소가 아직 없었으며
땅은 소금이 되어 쓸모없게 되었고 농약으로 인해 먹이 사슬이 파괴되었다.

주 하나님께서 아직 땅에 비를 내리지 않으셨기 때문이었다.
산성비가 하나님이 지으신 하늘로부터 내렸고, 인간은 구멍난 오존 광선으로 인해 고통을 받는다.

땅을 경작할 사람도 없었다.
전 지구적으로 영향을 끼치는 첨단 기술들의 물결 속에서 인터넷, 이미지, 영상, 그리고 메시지 등의 급류가 우리는 휩쓸고 있다.

그러나 땅에서 강이 흘러 나와 지면을 적셨다.
데리다(Derrida)가 해체를 주창할 때, DJ들은 춤을 추면서 자신들만의 음악을 만들어 새로운 공동체를 이루어갔다.

주 하나님께서 땅의 먼지에서 *사람(adam)*을 지으시고 생명의 호흡을 그의 코에 불어 넣으셨다. 그래서 *사람*이 살아있는 존재가 되었다.

하나님의 창조(creation)로부터 배우다: 코루(Koru) 신학

하나님은 처음 시작의 하나님이시다. 세상이 시작될 때, 하나님은 인간에게 처음 호흡을 불어 넣어 주셨다. 마치 어린 아이가 태어나듯 생명의 첫 호흡을 하나님께 받던 때는 아주 영적인 순간이었다. 생명이 새로 태어나는 순간은 신비로운 그 무엇인가가 있다. 그 첫 울음소리, 탯줄을 끊는 그 순간, 모두 다 신비롭다. 나 역시 첫 딸을 낳던 순간에 큰 감동을 느끼며, "내 작은 아이야."라고 불렀었다. 그 장면들은 비디오에 담겨 늘 우리 가족의 기쁨이 되고 있다.

마오리(Maori) 부족의 문화, 그러니까 뉴질랜드의 원주민 문화에서는 새 생명의 탄생이 문화 형성의 중요한 동기로 작동하고 있는데, 이들은 그것을 코루(koru), 즉 서서히 잎을 펼치는 양서류 식물의 이미지로 표현한다. 그 양서류 식물의 가운데에는 고습 모양을 한 작은 잎이 자리하고 있다. 그것이 서서히 펴지는 것이다. 시간이 지나면서 그것은 옅은 녹색에서 강렬한 에메랄드빛으로 변신한다. 그렇지만 그 잎은 태양을 받지 못하면 더 이상 클 수가 없다. 그래서 마오리 사람들은 이 새 생명이 제대로 성장할 수 있도록 다른 잔털을 태워버린다. 사그라져 사라짐은 곧 새로운 생명의 탄생으로 순환된다. 이것이 바로 코루의 신학이다.

신생(new birth)은 하나님의 창조 사건에서, 이스라엘을 다루시는 하나님의 손길에서, 예수님의 삶과 죽음에서 지속적으로 드러나는 성경의 이미지이다. 기독교 제자도의 핵심은 하나님께서 우리에게 다시 태어나도록 초청하신다는 것이다. 요한복음 3장 4절에 하나님의 백성은 다시 태어나도록 부르심 받았다. "예수께서 대답하시되 진실로 진실로 네게 이르노니 사람이 물과 성령으로 나지 아니하면, 하나님의 나라에 들어갈 수 없느니라." 그리스도인에게 있어서 새로운 생명이란 창조주께서 수정케 하시고, 자라게 하시며, 출생케 하실 때 비로소 생존이 가능해지는 것이다.

구약의 많은 부분에서 하나님은 낳으시고 기르시는 어머니의 모습으로 그려진다. 시편 중에는 "젖 뗀 아이"[1]의 이미지로 하나님과 이스라엘의 관계를 노래한 곳이 많이 있다(시편 131편). 어떤 경우에는 아이를 기르는 어머니와 같은 하나님에게 이렇게 노래한다. "실로 내가 내 영혼으로 고요하고 평온하게 하기를 젖 뗀 아이가 그의 어머니 품에 있음 같게 하였나니 내 영혼이 젖 뗀 아이와 같도다.(2절)" 시편 90편 2절에는 하나님이 세상을 낳으신 분으로 묘사된다. "산이 생기기 전, 땅과 세계도 주께서 조성하시기 전 곧 영원부터 영원까지 주는 하나님이시니이다."

어머니와 같은 하나님이라는 이미지는 이사야서 말미에 가면 더욱 자세하게 고백된다. 종의 노래로 일컬어지는 많은 노래들이 한꺼번에 등장한다. 그 종은 하나님이 기뻐하시는 분으로 묘사된다(사 42:1). 어떤 구절들은 직접 예수께 적용되는데, 또 어떤 것들은 생명을 출산하는 산모로 "종(servant)"을 비유한다. "내가 오랫동안 조용하며 잠잠하고 참았으나 내가 해산하는 여인같이 부르짖으리니 숨이 차서 심히 헐떡일 것이라."(사 42:14).

또 다른 노래에서는 하나님이 아이를 결코 잊지 못하고 젖을 먹여 키우는 어머니의 모습으로 그려진다(사 49:15).[2] 이사야 44장 2절에서 이스라엘은 하나님의 뱃속에서 만들어진 것으로 표현된다. 66장 9절에서는 뱃속이신 하나님께서 이렇게 말씀하신다. "여호와께서 이르시되 '내가 아이를 갖도록 하였은즉 해산하게 하지 아니하겠느냐' 네 하나님이 이르시되 '나는 해산하게 하는 이인즉 어찌 태를 닫겠느냐' 하시니라."

하나님은 그의 자녀들과 함께 즐기시면서 생명과 기쁨을 수여하

---

1) "여호와여 내 마음이 교만하지 아니하고 내 눈이 오만하지 아니하오며 내가 큰일과 담당하지 못할 놀라운 일을 하려고 힘쓰지 아니하나이다. 실로 내가 내 영혼으로 고요하고 평온하게 하기를 젖 뗀 아이가 그의 어머니 품에 있음 같게 하여나니 내 영혼이 젖 뗀 아이와 같도다." (시 131:1-2)
2) "여인이 어찌 그 젖 먹는 자식을 잊겠으며 자기 태에서 난 아들을 긍휼히 여기지 않겠느냐?" (사 49:15)

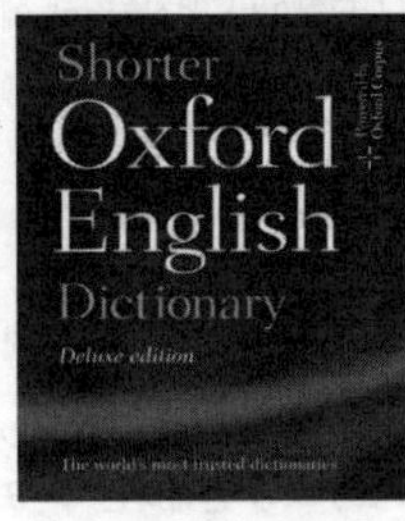

to dandle:
(갓난 아이 등을) 어르다. 안아서 흔들다. 옥스퍼드 영어소사전에는 이렇게 설명한다.

Verb. To move a child lightly up and down in the arms or on the knee. To make much of.

신다. "너희가 그 성읍의 젖을 빨 것이며 너희가 옆에 안기며 그 무릎에서 놀 것이라. 어머니가 자식을 위로함 같이 내가 너희를 위로할 것인즉 너희가 예루살렘에서 위로를 받으리니" 3)

이 성경 구절들은 우리가 가지고 있는 하나님의 이미지들을 다시 다른 방법으로 생각하도록 권유한다. 하나님은 당신의 자녀를 간호하시고, 얼러주시고, 위로해 주시는 분이시다. 4)

기독교 신앙의 핵심에는 예수 그리스도의 죽음과 부활, 하나님의 생명 수여 활동이 출산의 고통과 연관되어 묘사되고 있다: "하나님께서 그를 사망의 고통(agany, odinas)에서 풀어 살리셨으니 이는 그가 사망에 매여 있을 수 없었음이라." (행 2:24) 신약성경에서 그리스어 단어인 'odinas'는 해산의 고통(labor pains)으로 번역된다. 예를 들어 데살로니가전서 5장 3절에는 "그 때에 임신한 여자에게 해산의 고통(odinas)이 이름과 같이 멸망이 갑자기 그들에게 이르리니 결코 피하지 못하리라."라고 언급되어 있고, 요한계시록 12장 2절에는 "이 여자가 아이를 배어 해산하게 되매 아파서(odinas) 애를 쓰며 부르짖더라.", 그리고 갈라디아서 4장 27절에 "잉태하지 못한 자여 즐거워하라 산고(odinas)를 모르는 자여 소리 질러 외치라."라고 그 단어가 등장하고 있다.

이 출생에 대한 비유적 표현은 고대 그리스어에 명확하게 반영되어 있으며 부활에 대해서도 새로운 통찰력을 제공한다. 즉 사도행전 2장 24절은 이렇게 번역될 수 있다. "하나님께서 그를 사망의 수고(odinas)에서 풀어 살리셨으니 이는 그가 사망에 매여 있을 수 없었음이라." 새로운 생명을 얻는 것이 부활의 본질이다. 하나님도 십자가와 부활 사건에서 해산의 고통을 경험하시는 것이며, 특별히 예수의 부활에서 우리는 새 생명의 첫 울음소리를 듣는 것이다. 탄생의, 혹은 코루의 신학은 하나님의 본질적 성격에 관한

---

3) 이사야 66:12-13
4) 다음의 성경 말씀을 더 참고하라. 이사야 43:6-6; 44:2, 24; 46:3-4.

것이다. 하나님은 창조 사역 속에서, 이스라엘 속에서, 그리고 예수님의 가르침, 죽음, 부활 속에서 그렇게 일하신 것이다.[5]

죽음에서 생명을 발견하다

생명을 탄생시키신 하나님은 다시 태어나게도 하시는 분이시다. 우리가 그분의 소유라면 우리는 분명 새로운 생명을 세상 가운데 전해야 하는 소명을 받은 것이다. 주변부 가장자리에서 소외된 상태로 살아가야 하는 이들은 온통 수고와 고통으로 울부짖고 있다. 우리가 새 생명으로 인도하시는 하나님을 따르는 제자들이라면 이들의 고통에 귀를 기울여야 한다. 그 지점이, 그러니까 바로 그 경계선 위가 신흥교회의 새로운 소명을 발견하게 되는 지점인 것이다.

모든 태어남은 사실 죽음과 같은 성격을 공유한다. 새로 태어난 아이는 안전함과 평안함의 상징인 자궁을 떠나오는 것이다. 아기들은 필요한 모든 것을 스스로 노력하지 않고도 자궁 속에서 얻을 수 있었다. 그러나 세상에 태어나기 위해서는 그 안전한 곳을 떠나야만 하고, 엄마의 뱃속에 비해 그 생존의 비율이 현저하게 낮은 이 세상 속에서 새로운 의미의 생명을 얻기 위해 스스로 노력해야 한다. 잃어버리는 것이 없다면 새로 태어남도 없다.

많은 신흥교회는 출발점에서 바로 그러한 탄생의 과정을 겪는다. 오랜 동안 덮어 쓰고 있던 보호막을 천천히 털어내고 세상에 스스로를 노출시키는 것이다. 한때 자신들이 자명하다고 여겼던 것들이 폐기되는 것은 당황스러운 일이지만, 한편으로는 그것으로부터 자

---

5) 마가렛 해머(Margaret Hammer)는 출생의 비유적 표현이 그리스어에서 분명하게 나타나고 있으며, 그래서 베드로의 말씀은 메시아와 메시아 시대의 도래를 선포하는 것이라고 주장한다. Margaret Hammer, *Giving Birth: Reclaiming Biblical Metaphor for Pastoral Practice*, Westminster/John Knox Press: Lousville, Ky., 1994, p. 64.

부활절 아침

새 생명을 축하하네.
파티는 시작되고
성 금요일
천사들은 놀라
정신을 못 차리고
별들은 그 궤도 잃고 헤맸고
땅은 고통스러운 소리를
토해 내었었지.
부활절 아침에 되기까지
하나님은 그 아들을
발 아래로 끌어당기셨고
생명의 수여자께서
생명을 그에게 주셨네.
이전 것들을 모두
사라지게 하셨네!
모든 고통은 이제
새로운 의미를 찾고
모든 죽음은 새로운
내일을 찾고
모든 죄는 완전히
씻어지고 벗겨졌으며
마침내 승리했네.
모든 악의 음모는 드러났고
모든 비뚤어진 관계들이
새롭게 되었네.
땅과 천사는 함께 웃고
춤을 추며
기쁨으로 충만하다네.
예수는 살았고
생명이 이겼다네.
나의 이 노래가 들리는가?
생명이 이겼다네!

이 노래를 들어 보세요

"Stuck in A Moment,"
U2, *All that You
Can't Leave Behind*,
Universal International
Music, UK, 2000.

유를 얻는 것이다. 물론 그 자유는 단지 새로운 것이기 때문에 매력적으로 보일 수 있다.

테리 벨링(Terry Veling)은 새롭게 등장하는 공동체들이 "기존 공동체에 동참하는 일에 쓰는 에너지보다 그 공동체로부터 벗어나려는 일에 더 많은 힘을 소비하고 있다. 의심, 비판, 회의와 같은 감정에 빠져 있는 이들은 전통적인 것들로부터 점점 더 멀어지고 있다. 하지만 그들은 자신들의 비판적 태도가 사실은 과거로부터 지속되어 온 해석의 한 과정임을 자각하지 못한다."[6]고 지적한다. 문제는 이러한 파괴적 에너지가 오히려 생명을 전하는 우리의 잠재력을 갉아먹을 수도 있다는 사실이다. 우리 시대 복음주의의 비극은 자신들이 어디에서 왔는지 그 기원은 잘 알고 있지만, 앞으로 어디로 가야할지 그 방향은 알지 못한다는 것이다. 보노(Bono, 그룹 U2의 리더, 역자 주)의 노래처럼 다만 "이 순간을 즐기며(stuck in a moment)" 살기는 아주 쉬운 일이다.

내 논의의 핵심은 이제 파괴와 죽음의 비판적 태도에서 재건과 새 생명을 창조하는 태도로 변화해야 것이다. 코루(Koru) 신학은 "우리가 지금까지 익숙하게 지냈던 곳에 머무는 것이 아니라 앞으로의 가능성들을"[7] 발견하도록 초청한다. 우리를 새로운 문화로 초대하고, 다시 태어나도록 인도하며, 죽음에 직면했다 하더라도 재창조가 가능하도록 일으켜 세운다. 과거의 깨어진 상처도 미래에는 온전히 회복될 수 있다는 희망을 가지라고 한다.

---

6) Terry Veling and Thomas Groome, *Living in the Margins: International Communities and the Art of Interpretation*, New York: Crossroad Publishing, 1996, p. 54.

7) John Drane, *The McDonaldization of the Church: Spirituality, Creativity, and the Future of the Church*, London: Darton, Longman & Todd, 2000, p. 178.

새로운 공동체의 탄생

생명의 탄생을 지켜보면서 느낄 수 있는 가장 신비롭고도 영적인 특징은 그 생명의 극도의 연약함(fragility)과 절대적인 유일함(uniqueness)일 것이다. 생명의 탄생이란 다른 생명으로부터 분리되어 또 다른 생명이 생겨나는 것이다. 그 분리로 인해 이전에 모르던 거리와 간격을 받아들여야 하며, 그래야만 영원한 독립적 개인이 되는 것이다. 안전한 내부로부터 벗어나는 완전한 위치 변경, 그리고 분리와 전위(轉位, *dislocation*)의 방식이 아니고서는 새로운 생명의 탄생을 경험할 수가 없다. 아이들은 점점 자라면서 다시 부모들로부터 떨어진다. 이러한 현상은 10대에 빠르게 나타난다. 부모로부터 독립하면서 사회적으로도 그렇고 영적으로도 독특한 개성을 갖추게 되는 것이다. 코루 신학이 진정으로 생명을 수여하는 신학이라면, 이러한 생명의 유일한 독특성이 드러나는 방식의 접근이 반드시 필요하다.

마찬가지로, 지금 막 출발선에 서 있는 공동체들도 앞서 말한 것과 같은 연약함과 독립적인 개성(individuality)을 드러내면서 새로운 생명을 확보해 나가야 한다. 근대는 우리의 개성을 공공의 조직체에게 양도하라고 강요했다. 거시적인 표어나 거대 서사들이 난무했었다. 공동체들은 결코 개인의 개성을 보장하지 않았다. 그도 그럴 것이 근대의 공동체들은 처음부터 공유(communion)와 연대(communality)의 구호를 외치며 출발했었다. 이것이 바로 민족국가들의 구호였고, 전체의 선을 추구하라고 부추기며 구성원을 하나로 묶는 굳건한 명분이 되었다. 최근 르완다(Rwanda) 사태나 발칸 반도(the Balkans) 사태와 같은 비극에서 우리는 근대가 가졌던 공동체의 비극적 비전을 생생하게 발견할 수 있다.

프랑스 사상가 장 뤽 낭시(Jean-Luc Nancy)는 공동체의 이러한 균열적 특성에 특별한 관심을 집중한다. 그는 인간이 역사를 통

전위(dislocation)

하나님은 광대하시고 넓으신 분이라서 모든 피조물이 아무런 혼란 없이 모두 있어야 할 그곳에 있도록 만드셨다. 뿐만 아니라 자기 자리를 못 잡고 떠도는 우주의 깨진 조각들—사람과 사물, 생물과 원자—도 적합하고도 활발하게 조화를 이루며 연결된다. 이 모든 것은 십자가에서 쏟으신 그분의 피와 죽음 덕분이다.
– 골로새서 1

해변에서 찾은 유리조각 모자이크

예전에 기스번(Gisborne, 뉴질랜드의 North Island 동쪽의 항구 도시, 역자 주)에서 여름을 보내면서 해변을 거닐며 유리조각을 꽤 많이 모은 적이 있다. 나는 그때 골로새서 1장을 묵상했었다. 하나님께서는 모든 깨어진 것들과 흩어진 우주의 만물을 모으시고 조화로운 모습으로 멋지게 만들어 가실 것이라고 말씀하신다. 아마도 하나님은 그것들을 원래 있던 모습으로 되돌려 놓는 것이 아니라, 모자이크 작품과 같이 전혀 다른 모습으로 새롭게 하실 것이다.
– 린네 테일러(Lynne Taylor), *emergentkiwi.org.nz*

해 경험한 것은 하나가 되는 경험이 아니고 분리되는 경험이었다고 주장한다.

개인의 성장이 건강하게 이루어지려면, 아기 때나 십대의 시기에 그들의 부모로부터 잘 분리되어야 한다. 인간이 성숙해진다는 것은 자신과 다른 타인과의 차이를 자각하고, 죽을 수밖에 없다고 하는 자신의 유한성을 받아들이는 것이다. 우리 자신의 유일함과 타인과의 차이를 주장하려면, 마찬가지로 나와 다른 타인의 유일성도 인정해야 한다. 그렇게 하면 낭시가 말한 "하나가 되는(being in common)" 공동체, 즉 각자가 독특한 존재라는 것이 피차 인정되고 서로의 변경된 위치를 사려 깊게 배려하려는 공동체의 등장도 가능할 것이다.[8]

난 마지막 성만찬에서 그런 일이 일어났었던 것이 아닌가 하는 생각이 든다. 그것은 주님과 제자들의 마지막 식사였다. 한번 떠 올려보라. 주께서 공동체의 비전을 강조하시기 위해서 하신 감동적인 말씀이 있었던가? 오히려 예수님은 앞으로 일어날 분열(brokenness)의 상황을 예고하셨다. "배신"과 "수난"을 말씀하셨다. 제자들에게는 상실감을 불러일으키는 무거운 말들이었다. 그는 빵을 들어 쪼개셨다. 이것은 제자 공동체가 앞으로 겪게 될 혼란스러움을 상징한다.

하지만 이렇게 마지막 만찬에서 선언된 분열의 메시지가 새로운 공동체로서의 교회의 탄생을 이끌었던 것이다. 예수님은 깨어짐과 분열이 새로운 공동체의 출발에 필요하다는 것을 알고 계셨기에, 그렇게 무거운 메시지를 던지면서도 결국에는 개인의 정체성을 손상시키지 않으면서도 깊은 영성을 나눌 수 있는 공동체를 탄생시키셨던 것이다. 다른 사람의 상처와 고통에 주목할 수 있는 공동체,

---

8) Jean-Luc Nancy. *The Inoperative Community*, ed Peter Conner, trans, Peter Conner, et al. Minneapolis, Minn.: Oxford: University of Minnesota Press, 1991, p. 12.

그것은 자기 자신의 나약한 인간됨을 충분히 알고 있는 공동체일 것이다. 선교적 비전을 향해 열정적으로 달려가는 심장의 소유자는 바로 이러한 공동체적 경험을 통해 탄생한다.

산파가 필요한 것

첫 아이가 태어나기 전 산파가 나에게 아내에게 조산기가 있다고 경고했었다. 자궁 경부가 거의 다 팽창해 버려서 산모가 출산의 욕구를 느끼게 되겠지만 아직 태아가 미숙하기 때문에 혹시라도 어떤 손상을 입을지 모른다는 것이다. 이런 상황에서는 모든 가능성을 열어 놓고 출산 과정을 상세히 설명해 주게 된다.

문화적으로 우리는 지금 과도기에 와 있다. 어떤 이들은 제파렐리(Zeffarelli) 감독의 '로미오와 줄리엣'을 더 좋아한다. 서양 문화에는 제파렐리 방식이 많이 반영되어 스며들어 있다. 하지만 우리 중 어떤 이들은 루어만(Luhrmann)의 방식으로 살아간다.

교회 역시 이러한 과도기를 경험한다. 과연 새로운 것이 탄생하는 시기는 언제이며, 또 새로운 것이 더 이상 필요없는 시대는 언제인가? 새로운 것의 탄생 과정을 연구해 보면, 바로 과도기가 새로운 것을 드러내는 가장 활기찬 시기라고 할 수 있다. 과도기에는 관용, 민감성, 그리고 복합적인 전략들이 필요하게 된다. 그러자면 산파(midwife)의 도움이 절실하다.

1999년 나는 뉴질랜드에서 100명이 넘는 젊은 교회 지도자들을 대상으로 조사를 했는데, 그들에게 기성교회와 지도자들에게 무엇을 원하는지 물어보았다. 그들 중 75%가 도움을 원한다고 응답했다. 그들은 산파가 필요했던 것이다. 더욱 놀라운 것은 도움을 요청하는 이들의 96%가 주로 관계적 용어를 사용했다는 것이었다. 용기를 북돋아 주는 지도자, 인정해 주는 지도자, 신뢰를 보여 주는 지도자 등이 필요하다는 것이었다. 그들은 책이나 어떤 원칙,

혹은 모델을 원하는 것이 아니고 멘토(mentors), 친구, 동료가 필요하다고 응답했다.

어떤 한 젊은 여성은 그것을 아주 실감나게 표현했다. 그녀는 X세대들이 마치 도제 관계를 받아들여야만 하는 것처럼 압력을 받고 있다고 말했다. "베이비부머(baby boomer) 세대의 방식과 같이 저돌적인 조직운영은 나를 힘들게 한다.... 엄청나고 거대한 임무들.... 그들은 우리를 그들의 임무 속으로 꾸겨 넣으려 한다." [9] 신흥교회는 하나님이 잉태케 하신 것을 출산하기 위해 관계적 동반자의 도움을 절실히 요청하고 있다.

산파라는 이미지는 새로운 생명의 탄생과 연관해서 많은 이야깃거리를 제공한다. 산파의 일차적인 임무는 아기가 건강하게 태어나도록 하는 것이다. 그들에겐 이 일이 최고의 과제이다. 그러나 산파에게는 또 다른 임무가 있다. 불안해 하는 산모와 가족들을 위로하고, 심지어 산부인과 전문 의료인들까지 돌보아야 할 때가 있다.

신흥교회에도 이러한 일을 기꺼이 감당하며 산파의 역할을 하는 이들이 있다. 그들은 진지하게 산파역을 감당하고 새 생명이 태어나도록 최선을 다해 봉사한다.[10] 호주 빅토리아 연합 침례교(the Baptist Union of Victoria)가 하나의 좋은 본보기이다.[11] 그들은 5년 동안 실험적인 모임 열 곳에 재원을 공급하여 양육하고 지원하기로 용기있는 결단을 내렸다. 여기서 가장 중요한 단어는 '실험적'이라는 말이다. 생명 탄생의 과정은 매우 복잡해서 어떤 이들은 잘 자라는 반면 어떤 이들에게는 집중적인 돌봄이 필요할 것이라는 전제와 이해가 거기에 담겨져 있다.

---

9) Steve Tayor, "A New Generation Leading the Church in a New Millennium," *Reality* 41 2000, pp. 12-18.

10) John Drane, *The McDonaldization of the Church.* 저자는 8장에서 복음전파와 관련하여 조산술(midwifery)을 설명하고 있다. 필자는 여기서 신흥교회의 탄생을 표현하기 위해 그 은유를 취하여 적용했다.

11) 이후 언급되는 정보는 2004년 4월에 빅토리아 교회의 윌킨슨 헤이와의 인터뷰를 통해 얻은 것들이다.

빅토리아 교회는 그러한 실험적 공동체의 혁신(innovation) 과정을 지원하고, 또 그것을 연구하는 "새시대 선교공동체(New Missional Communities)"라는 모임을 만들어 대상지의 실질적인 변화를 돕기로 했다. 기금을 지원할 대상을 선정하는 기준은 유연하게 제시되었다. 지원되는 기금은 전임 사역자의 일 년 봉급에 맞먹는 금액인데, 해당 그룹의 임무에 따라 배정된다. 대체로 월급이나 숙박비 명목으로 지출되었다.

게다가 교회는 행정적 도움과 함께 좋은 아이디어를 제공하기 위해 포럼도 만들었다. 이 포럼들은 교단의 중요한 지도자들이 참여한다. 목회적인 지원과 함께 성공 가능한 혁신 모델을 제공한다. 이를 통해 실험적인 그룹들과 교단 간의 연결고리를 강화하는 것이다.

이렇게 의도적 산파 역할을 통해 혜택을 받은 모임 중 하나가 '리빙룸(the LivingRoom)'이다. 멜버른(Melbourne) 시내에서 일주일에 한 번 채식주의자들이 식사 시간에 모인다. 모임을 이끄는 대런 로제(Darren Rowse)는 빅토리아 교회의 지원 때문에 자신들의 모임이 합법적인 것처럼 느껴지고, 또 교단이 이 모임을 중요하게 생각해 주는 것 같다고 말한다. 이 시대의 문화와 긴밀한 관련을 맺으면서 새로운 비전을 꿈꾸는 자신들을 교회의 한 가족처럼 대해 주는 것 같이 느껴진다는 것이다.[12]

그런 산파 역할의 또 다른 예를 영국 성공회의 옥스퍼드 교구(Diocese)에서 발견할 수 있다. 2003년 영국의 모든 교구는 기대하지 않았던 자금이 생겼다.[13] 옥스퍼드 교구는 이미 이전부터 새로운 선교 방법에 대해 연구해 왔었고, 부족(tribal)과 같은 특징을 보이는 요즘 세대에 어떻게 구역(Parish) 목회를 적용할 수 있

---

12) 이것은 2004년 4월 인터뷰한 내용이다.
13) 이 내용들은 영국 도르체스터(Dorchester)의 주교인 콜린 플레처(Colin Fletcher)와의 인터뷰한 것이다. 그는 메이비(mayBe)의 많은 산파들 중 한 명이었다.

메이비(mayBe)라는 이름의 교회
이 교회는 공동체(community), 창조성(creativity), 단순함(simplicity)을 모토로 한다.

* 메이비는 출석해야 할 교회라기보다는 한 부분이 되어야 할 공동체이다.
* 메이비는 경계선 상에 있는 "유연한(fuzzy)" 공동체로서, 과거의 수도원적인 기원과 동시대적 기원을 모두 수용하여 사람들로 하여금 이 공동체의 독특한 삶에 참여하도록 한다.
* 우리 생활의 중심은 음식을 나누고 마시는 소모임 형태가 될 것이다.
* 각 소모임은 자신들만의 목적과 함께 공동체 전체의 목적에 맞는 임무를 갖게 된다.
* 전체 모임은 "커다란 표현(the big expression)"으로 예배를 드리기 위해 자주 모이게 된다.
* 메이비는 단지 일요일에만 모이지 않는다. 공동체는 일주일 내내 기도로 충만한 생활 방식을 발전시켜 나갈 것이다.
* 메이비는 매우 동시대적인 감각을 수용할 것이지만, 고대의 기독교 상징물과 생활양식도 수용할 것이다.
* 창조성은 영적인 여행에 상상력을 제공하는 것으로 매우 중요한 능력이요, 모든 것에 열려 있는 태도를 가져다준다.
* 이는 곧 역설(paradoxes)-생기가 넘치는 예배와 조용히 듣는 기도, 전적으로 신뢰하는 믿음과 의문을 강력히 제기하는 질문, 기쁨의 찬양과 슬픈 고통의 소리-이 유지되고 장려되는 그러한 공동체가 될 것이다.

을지 고민 중이었다. 지금의 세대에게 교회를 새롭게 표현하고 싶어 하던 옥스퍼드 교구는 그 기금을 그러한 일을 감당할 수 있는 사역자를 세우는 일에 투자하기로 결정했다.

이와 같은 일은 기존 교회가 산파와 같은 역할을 기꺼이 감당함으로써 새로운 교회들을 많이 세운 경우가 될 것이다. 경제적인 지원은 4년 동안 그 사역자들의 생활비를 충당하는 정도의 규모로 각 개인의 사정에 따라 달리 지급되었다. 그 교구는 그렇게 생겨난 새로운 형태의 교회들을 서로 연결하여 네트워크를 형성할 수 있도록 모임을 주선했다. 이 모임에는 새로운 공동체의 사역자들을 도울 수 있도록 각 분야의 전문들도 함께 초청되었다. 즉 동역자들을 붙여준 것이다. 이렇게 생겨 난 모임 중 하나가 바로 '메이비(mayBe)' 인데, 이 모임은 특별히 공동체, 창조성, 단순함 등의 가치에 무게를 둔 대안적 교회라고 할 수 있다. 옥스퍼드에 위치한 이 모임은 길가에 위치해서 사람들이 쉽게 접근할 수 있으며, 음악과 예술, 기도와 예배 등을 자유롭게 할 수 있도록 카페 형태로 운영된다.

임신선 (stretch marks, 임신 후 뱃가죽이 늘어난 자국, 역자 주)

조산술(midwifery)은 몸을 늘리는 기술이다. 출산을 돕는 경험이 많아지면 많아질수록 산파역을 맡은 교단은 더 많은 것을 배우게 된다. 산파 교회들은 지원할 기금을 충당하기 위해 많은 도전을 받게 될 것이고, 때로 이상적인 제안들에 어려움을 겪게 될 수도 있다. 그들은 이러한 과정을 통해, 새로운 생명의 탄생은 곧 위기에 직면하게 된다는 사실을 의미하겠지만 모든 위기가 위태로운 상황으로 이어지는 것이 아니라는 사실도 배우게 된다.

또한 그들은 임신 기간을 단축시키면서까지 아이를 빨리 태어나게 할 필요가 없다는 것을 배운다. 빅토리아 교회의 안네 윌킨슨 헤이(Anne Wilkinson Hayes)는 이렇게 말한다. "우리가 어떤 아이디어를 처음 떠 올렸을 때와, 그 신생아가 태어나기 위해 엄마의 자궁으로부터 까만 머리가 드디어 보이기 시작할 때까지의 시간이 때로 너무 길게 느껴진다. 나는 사람들을 빨리 몰아붙여서 그 일을 신속하게 처리하고 싶은 유혹에 시달린다. 하지만 그렇게 할 경우 대부분 쓸데없는 노력을 하거나 심지어는 상처를 남기기도 한다. 어떤 일을 실용적으로 처리하는 것보다는 유기적으로 진행하는 것이 좋은데, 그러기 위해서는 서두르지 말고 시간적 여유를 가져야 한다."

산파들은 아기의 소중함과 생명의 신비를 존중해야만 한다. 그들은 출생 전, 출생의 과정, 출생 후 전 범위에서 산모와 아이를 지원한다. 윌킨슨은 이어서 말한다. "새 생명의 출산은 어렵고 까다로운 과정이다. 과거 서구 사회에서는 산모의 고통이 지금처럼 단지 여자들만의 사적인 일로 여겨지지 않고, 훨씬 더 공동체 모두의 것으로 간주되었다. 무엇인가 새로운 것을 출산하기 위해 애를 쓰면서 외로움을 느끼는 이들이 있다면 우리는 그들을 도와야 한다. 좌절의 고통을 호소하며 자신들의 생각을 점검해 보고 싶어 하는 이들이 있다면, 자신들의 놀라운 경험을 나누고 싶어 하는 이들이 있다면 우리는 이들을 위한 안전한 공간을 마련하고 용기를 주어야 한다. 그런 일들이 자칫 소모적인 일이 될 수도 있겠지만, 우리의 도움으로 인해 새로운 생명이 탄생할 수도 있기 때문이다."

하나님께서 지금도 여전히 새로운 창조를 계속하고 계시다는 사실에 대한 믿음이 수많은 신흥교회를 만들어 내고 있다. 기존의 형태나 사상 등에 대한 저항이 아니라, 하나님께서 계속 확장해 가시며 새롭게 하시는 하나님의 나라 운동에 동참하라는 부르심에 대한 응답인 것이다. 그것은 중앙, 중심으로 향하기보다는 가장자리나 경계선을 향하여 방향을 전환하는 것을 의미한다. 하나님께서 주도하시는 거듭남과 새로운 생명의 창조에 동참하는 일은 하나님

꿈같은 일

길거리의 음악과 예술, 기도와 예배로 이루어지는 카페 모임에 대해서 더 자세히 알고 싶다면 이 사이트를 방문해 보세요. *www.maybe.org.uk*

어머니와 같은 교회들

비록 흉하고 구닥다리라 할지라도 교회는 우리의 모태인 어머니와 같다. 때로는 매우 우호적인 도움을 주는가 싶으면, 어떤 때는 매우 구식으로 함께 하기가 어렵다. 이 어머니들은 나름의 역사와 짐 보따리를 하나씩 다 가지고 있다. 그것은 모두 성장의 대가였다. 마찬가지로 우리도 성장해야 하며, 우리는 우리 세대의 일을 해야 한다. 모든 어머니들이 바라는 것이, 바로 자녀들이 자신의 일을 하는 것이다. 그러나 어머니가 없이는 우리도 없듯이, 어머니와 같은 교회가 없다면 우리와 같은 신흥교회도 존재할 수 없음을 기억하자.
– 매기 돈(Maggi Dawn)

의 백성으로 부름 받은 모든 이들의 특권이다.

더 참고하면 좋을 책들

John Drane and Olive Fleming Drane, *Family Fortunes: Faith -full Caring for Today's Families.* London: Darton, Longman, and Todd, 2004.

Olive Drane, Clowns, *Storytellers, Disciples: Spirituality and Creativity for Today's Church.* Minneapolis, Minn.: Augsburg, 2004.

Margaret L. Hammer, *Giving Birth: Reclaiming Biblical Metaphor for Pastoral Practices.* Louisville, Ky.: Westminster/ John Knox Press, 1994.

Jean-Luc Nancy. *The Inoperative Community,* ed. Peter Conner, trans, Peter Conner, et al. Minneapolis, Minn.: University of Minnesota Press, 1991.

참고할 만한 웹사이트

www.gospeltruth.net/allen/spon_expanofch.htm
www.picnmix.com/blogger.html

This Space for Correspondence

안녕하세요? 영국의 요크(York)에서 글월드립니다. 저는 에든버러(Edinburgh)에서 기차를 타고 내려와 지금 막 비전(Visions)이라는 모임에 참석했습니다. 그들은 성 커스버트(St. Cuthbert) 성공회 성당에서 모였는데, 이 건물의 일부분은 서기 687년에 지어진 것도 있습니다. 그래서 이곳은 고대의 영성을 풍부하게 느낄 수 있는 멋진 곳입니다.

비전 모임의 가장 독특한 특징은 시청각 자료를 활용하는 방식입니다. 처음에는 복합 프로젝터(projector)를 사용했는데, 지금은 비디오를 활용합니다. 오늘날과 같은 시각문화 시대에 그 비전 모임의 비주얼(visual)은 창조적인 기독교 신앙의 본보기를 훌륭하게 보여줍니다. 신흥교회에 있어서 창조성이란 어떤 의미가 있을까요? 시각적으로 보여주어야 하는 시대에 과연 비주얼로 표현되는 신앙의 효과는 어떻게 나타날까요?

Post Card
UNITED STATES OF AMERICA
5
POSTAGE FIVE CENTS
This Space for Address only
2007. 07.

네 번째 엽서
하나님의 창조성을 내려 받아라!

여러 가지 측면에서 신흥교회(the emerging church)란 뭔가 새로운 면이 작동하는 공동체라고 할 수 있다. 기존의 신학이나 전통을 고수하려고 하지 않는다. 신흥교회는 하나님께서 새롭게 하시는 터요, 혁신의 공간으로 신학을 바라본다. 이는 이전의 훌륭한 신학과 역사를 우습게 여기려 하는 것이 아니다. 역사적으로 여러 번 나타난 현상이지만, 문화적 변동으로 야기되는 혼란스러움이 사실은 하나님께서 인도하시는 창조적인 혁신의 기회임을 인정하고자 하는 것이다. 신흥교회의 신학적 태도는 하나님의 창조적인 힘을 인정하고 그것을 발견하려는 것이다.

창조성의 신학은 하나님의 영(the Spirit)과 함께 시작된다.[14] 창세기 1장 2절 "하나님의 영은 수면 위에 운행하시니라."라는 말씀에는 창조에 적극적으로 개입하시는 하나님의 임재 방식이 하나님의 본질 안에서 가장 잘 표현되고 있다. 출애굽기 35장 30-32절에서 우리(Uri)의 아들 브살렐(Bezalal)은 "하나님의 신이 충만케 되어 지혜와 총명과 지식으로 여러 가지 일을 하되 공교한 일을 연구하여 금과 은과 놋으로 일하며"라고 말한다. 공동체의 다른 구성원들은 성전을 만들기 위해 직공으로, 옷을 만드는 이로, 조각하는 이로써 하나님의 신에 충만했다고 말한다. 우리는 여기서 하나님의 공동체를 위한 교회의 모든 창조적 사역은 성령에 의해 이루어진다는 것을 알 수 있다.

창조성의 신학은 아들의 사역에서도 계속 드러난다. "태초에 말

---

14) 이후 다섯 쪽은 린네 테일러와 공저한 "Choosing Creativity" *Reality* 63 June/July 2004에서 약간 발췌한 내용을 담고 있다.

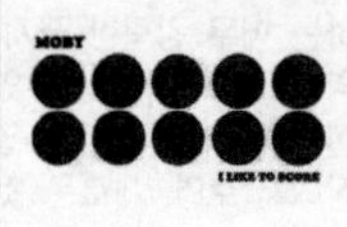

씀이 계시니라."(요 1:1) 교부 신학자 알렉산드리아의 클레멘트 (Clement of Alexandria)는 그리스도의 창조성에 대해 매우 영감 어린 주석을 제공한다.

말씀(The Word)은 새로운 화음에 맞추어 하나님의 이름을 머금은 음악 형식에 따라 노래한다. 그는 온 세상의 교향곡을 완성하기 위해 불협화음의 요소들을 걸러내시고 아름다운 화음을 만들어 가신다. 그가 오기 전에는 단 한 번도 진실한 음악이 존재하지 않았다. 다른 음악에 대해서 말하기 전에 이미 우리 자신이 음악이었다. 왜냐하면 시간이 시작되기 전부터 우리는 그리스도 안에 있었기 때문이다.[15]

하지만 말씀만이 예수를 묘사하는 유일한 방법은 아니다. 골로새서 1장 15절에서 그리스도는 '에이콘(eikon), 즉 하나님의 이미지(image)로 나타난다. 그 동안 우리는 오직 말씀의 형태로만 하나님을 섬기려고 신학적 노력에 많은 시간을 보냈다. 미첼 스테펀(Mitchell Stephens)은 역사적으로 "이미지나 성상에 반대하여 오히려 비성경적인 단어에 집중해 온"[16] 서양 문화에 우리가 익숙해 있다는 사실을 지적한다. 이렇게 오로지 말씀으로서만 파악하다보니 이미지의 아름다움(beauty), 상상력, 본능적 직관(the visceral)과 같은 다른 가능성들을 잃어버렸다. 이제 우리는 하나님을 이미지로 형상화하는 일에 많은 시간을 할애해야 한다.

창조주이시든 아버지이시든, 또 아들 혹은 구원자이시든, 혹은 성령이시거나 보혜사이시든 상관없이 하나님은 창조적이신 분이시다. 하나님의 형상을 가진 자(창 1:26)로서 우리 역시 하나님의 창조성을 가지고 있다. 신흥교회에게 가장 근본적인 선교의 도구는,

---

15) Clement of Alexandria, *Proteptique*, 이것은 다음의 책에 정리되어 있다. A. Nocent, "Word and Music in the Liturgy," *Music and the Experience of God*. Ed M. Collins, D. Power and M. Burrim, T & T Clark: Edinburgh, 1989, pp. 128-129.

16) Mitchell Stephens, *The Rise of the Image, the Fall of the Word*. New York; Oxford: Oxford University Press, 1998, p. 60ff.

하나님의 경건한 사람이 된다는 것의 의미를 재발견함에 있어서 하나님의 창조성을 따라가는 것이다.

최근까지의 신학적 논의들은 주로 합리적 사고와 길게 늘어뜨린 설명으로 진행되어 왔다. 우리는 그래서 아주 길고 합리적인 설명에 대한 일종의 공포를 느끼고 있다. 창조성의 신학은 더 깊은 사고를 요구한다. 이제 필자와 함께 하나님의 이미지들을 생각해 보자.[17] 로버트 뱅크스(Robert Banks) 박사는 하나님께서 창조적인 에너지를 가지고 행하신 많은 일들에 대해 논의한다. 그의 책 〈일하시는 하나님 God the Worker〉에서 하나님은 음악가, 작곡가, 디자이너, 설계가요 건축가, 기술자요 예술가로 묘사된다.

음악가이자 작곡가이신 하나님

새벽 미명의 합창 소리, 매미의 찍찍대는 소리, 갈매기의 울음소리, 파도 소리 등, 하나님께서 세상을 창조하실 때의 광경을 본 사람이라면 누구나 하나님은 음악가라는 사실을 알게 될 것이다. 하나님은 스바냐 3장 17절에서 기쁨의 노래를 부르시며, 시편 42편 8절에서 평화의 노래를 지으시고, 신명기 31장 19절에서는 고백의 노래를 작곡하신다.

욥 38장 7절에서는 하나님이 창조하신 새벽에 "아침의 별들이 함께 찬양했다"는 사실을 상기시킨다. 이는 C. S. 루이스의 책 "마법사의 조카(Magician's nephew)"에서 가장 정교하게 묘사되었다. 이 책에서 딕비(Digby)는 생명의 노래로 가득 찬 창조의 순간을 이야기한다.

---

17) 이 단락은 다음의 책에 많은 부분 빚지고 있다. Robert Banks, *God the Worker: Journeys in to the Mind, Heart, and Imagination of God.* Sutherland, New South Wales, Australia: Albatross Books, 1992.

박수를 쳐야 할 때

너희는 기쁨으로 나아가며 평안히 인도함을 받을 것이요 산들과 언덕들이 너희 앞에서 노래를 발하고 들의 모든 나무가 손뼉을 칠 것이며 – *이사야 55:12*

거룩한 놀이

만약 당신이 창세기 1장을 설교해야 한다면 주석서나 노트를 치워 버려라. 사람들에게 사각형의 작은 타일(tile)과 도자기를 하나씩 나누어 주고, 모비(Moby)의 "하나님이 수면 위를 운행하시네.(God Moving over the Face of the Waters)"를 틀어 놓으라. 그리고는 설교 본문을 회중에게 읽어 주며 타일 위에다 그림을 그리도록 해 보라. 그 그림 타일을 모두 모아 작품을 만들어 보라.

어둠 속에서 드디어 무엇인가 시작되었다. 아무런 말도 없이 노래하는 목소리가 들렸다... 도저히 무슨 뜻인지 가늠할 수 없는 노래였지만, 분명 그것은 지금까지 들어본 노래 중 가장 아름다운 소음이었다. 그것은 그렇게 아름다웠다.[18]

루이스는 창조주의 부르심(call)과 피조물들의 응답(response)에 대해 15쪽에 걸쳐 언급하고 있다. 그것은 창조적 작곡가이신 하나님께서 노래를 지으시고 만물을 생동케 하시는 놀라운 광경이다.

창조주 하나님의 마지막 작품은 분명 뮤지컬이 될 것이다. 하나님의 백성들이 자유를 얻고 하나님의 뜻대로 살아가면, 피조물의 세계는 조화를 이루고 나무들이 손뼉을 치며 박자를 맞출 것이다(사 55:12). 하나님의 음악은 합창(계 5:9ff), 트럼펫(계 8:6), 천둥소리(계 10:3), 하프(계 14:2) 등이 함께 연주되는 요한계시록에 와서 마침내 교향악이 된다.

내가 영적인 영감을 얻는 곳 중 하나는 오클랜드(Auckland) 중부에 있는 한 수도원이다. 그 수도원에는 수도원 밖 마을의 집과 거리에까지 이르는 녹색 잔디가 언덕 위부터 흘러내리고, 아주 오래 된 나무들에 둘러싸여 있다. 나는 그 나무들을 껴안기도 하고 그 언덕에 앉아 있기도 한다. 그러면 시편 성경에서 하나님을 향하던 그 노래 소리가 들린다. "초장은 양 떼로 옷 입었고 골짜기는 곡식으로 덮였으매 그들이 다 즐거이 외치고 또 노래하나이다." (시 65:13) 그러면 나는 하나님의 음악과 연합하여 그 노래의 일부가 된다.

디자이너이시자 의상연출가(dresser)이신 하나님

---

18) C. S. Lewis, *The Magician's Nephew*. 이 책은 1955년 대영제국 Bodlely Head에서 출간했다. 여기서 인용한 출전은 다음과 같다. Collins: London, 1998, p. 114. Penguin, 1955, pp. 93-108.

창세기 3장 21절에는 하나님께서 동물의 가죽으로 인간에게 옷을 지어 입히셨다는 것을 어렴풋이 알 수 있다. 하나님께서는 인간들이 변화되는 상황에 적응하도록 구비시키는 실제적인 사역을 통해 그의 창조성을 드러내시는데, 바로 이런 점에서 그분은 디자이너이며 의상연출가이시다. 이 이미지를 통해 우리는 하나님께서 얼마나 우리를 돌보기 원하시는 분이신지 알 수 있다.

시편 139편 15절에서 어머니의 자궁에서부터 우리를 지으시는 하나님을 만날 수 있다. 욥기 10장 11절에서도 유사한 모습을 발견하게 되는데 하나님은 "뼈와 근육을 지으신(kint)" 분이시다.

다른 구약성경에서도 하나님은 고아와 같은 예루살렘을 씻기시고 새 옷을 입히시며 신부처럼 준비시키신다.

> 내가 물로 네 피를 씻어 없애고 네게 기름을 바르고 수놓은 옷을 입히고 물 돼지 가죽신을 신기고 가는 베로 두르고 모시로 덧입히고 패물을 채우고 팔 고리를 손목에 끼우고 목걸이를 목에 걸고 코 고리를 코에 달고 귀고리를 귀에 달고 화려한 왕관을 머리에 씌웠나니 이와 같이 네가 금, 은으로 장식하고 가는 베와 모시와 수놓은 것을 입으며 또 고운 밀가루와 꿀과 기름을 먹음으로 극히 곱고 형통하여 왕후의 지위에 올랐느니라.(겔 16:9-13)

이사야 61장 10절에도 유사한 주제가 반복되는데, 하나님의 구원과 의는 이스라엘이 입고 있는 옷과 같은 것이다. 우리를 옷 입히시는 하나님이라는 이미지는 특별한 의미를 지닌다. 뱅크스(Banks)는 이렇게 표현한다.

> 옷은 우리의 피부를 직접 덮는다. 옷은 우리 자신을 가장 익숙한 방식으로 확대하는 것이다. 사람들이 옷을 통해 자신의 수많은 희망사항 욕망을 표현한다는 것은 이상한 일이 아닐 것이다. 이는 옷을 만드는 모든 과정의 은유적 표현이 새 사람이라는 의미로 쉽게 사용되는 이유

를 설명해 준다.[19]

이것은 디자이너이시며 의상연출가이신 하나님의 창조적인 사역이다. 그러나 하나님은 단지 기능적으로만 일하시는 것이 아니다. 대신 하나님은 모든 과정에서 아름다움(beauty), 풍요로움(richness), 그리고 창조자의 고상한 상상력(imagination)으로 일하신다.

설계자이시자 건축가이신 하나님

시편 102편 25절에 의하면 하나님은 땅의 기초를 놓으셨고, 104편 5절에는 땅을 집짓는 것처럼 만드셨다. 역대상 28장에서는 성전을 지으시고 그 안에 성전 기구를 채우시는 하나님의 모습을 볼 수 있다.

신약에서도 교회는 하나님이 만드신 건축물(마 16:18; 고전 3:10-17)로 인식되었다. 인간을 비유로 교회를 묘사한 고린도전서 12장은 여러 지체들의 합인 몸을 디자인하시고 다듬으시는 하나님을 언급한다.

계시록 21장-22장에서는 건축가이신 하나님의 이미지가 하나님의 도성(the City of God)에 대한 표현을 통해 최고조를 이룬다. 천국의 도성은 건축적으로 볼 때 매우 놀랍다. 훌륭한 돌들과 화려한 보석들로 만들어졌으며, 하나님 자신의 영광스러운 임재로 인해 고양된다. 이전에 그 어떤 건축가, 그 어떤 설계가도 이 같은 규모와 질로 건물을 지을 생각을 못 했다.[20]

기술자이시자 예술가이신 하나님

---

19) Banks, *God the Worker*, p. 148.
20) Banks, *God the Worker*, p. 379.

그리스도 교회(The Christchurch)의 예술 센터는 관광객들에게 가장 매력적인 장소 중 하나이다. 나는 그곳에 갈 때마다 온갖 종류의 작품들을 살펴보게 된다. 여러 가지 조각상들, 나무들로 만든 여러 작품들, 금속들로 만든 현대적인 보석 작품들 등 수많은 볼거리들이 있다. 냄새도 맡아보고 그 색감에 반하면서 나는 그 작품들을 만든 작가에 대해 생각하게 된다.

하나님은 아름다운 것들, 즉 동식물, 인간, 그리고 당신의 말씀 등을 정교하게 하시는 분으로 묘사되기도 한다. 시편 12편 6절에서 하나님의 말씀은 계속 정련되어 순도가 높아지는 은에 비유된다. "여호와의 말씀은 순결함이여 흙 도가니에 일곱 번 단련한 은 같도다." 이사야 48장 10절에서는 하나님 백성의 마음을 단련하시는 과정으로 나타난다. "보라 내가 너를 연단하였으나 은처럼 하지 아니하고 너를 고난의 풀무에서 택하였노라." [21]

기술자나 예술가와 유사한 이미지인 토기장이로서의 하나님은 하나님과 인간의 관계를 나타내는 고전적인 은유이다. 하나님은 땅을 당신의 손으로 지으셨다(사 45:18). [22] 아담(Adam)은 땅의 흙으로 지어졌다(창 2:7). 이사야, 예레미야, 그리고 사도 바울 역시 하나님을 토기장이로, 인간을 흙으로 표현하면서 토기장이의 솜씨에 따라 그 모양이 만들어진다고 고백한다. [23]

놀이하시는 하나님(God at play)

창조적 예술가이신 하나님의 지식에는 본질적으로 놀이라는 요소가 결부되어 있다. 창조적 사역을 하시면서 하나님은 즐거움을 느끼신다. 하나님은 기능적으로만 세상을 지으신 것이 아니고, 피

---

21) 또 다른 참고를 위해 다음을 보라. 시편 66:10, 스가랴 13:9, 말라기 3:2-3.
22) 또 다른 참고를 위해 다음을 보라. 예레미야 10:16; 33:2; 51:19.
23) 다음을 보라. 이사야 45:9, 64:8, 예레미야 18:2, 고린도후서 4:7.

조세계가 자신의 이미지를 닮도록 디자인하시고 장식하시기를 원하신다.

기독교가 사람들에게 따분한 종교로, 또 우리의 설교나 예배가 지루하거나 독창적이지 않은 것으로 여겨지는 것은 매우 안타까운 일이다. 이러한 반응은 우리가 경배를 받으시는 하나님의 놀라운 창조의 역사를 고려할 때 정반대의 것이다. 나는 위에서 언급한 하나님의 이미지들에 큰 도전을 받았으며, 하나님이 얼마나 창조적이신 분이신지 깊이 깨닫게 되었고, 나의 신앙을 표현하고 나눌 때 하나님의 창조적 힘에 대해 이야기하지 않을 수 없다는 것을 알게 되었다. 나뿐만 아니라 우리 모두가 그럴 것이다.

이안 몹스비(Ian Mobsby)는 영국 중부지역에서 신흥교회로서 무트(Moot)를 두 번째로 시작하려고 계획하고 있다. 무트는 서로 돕는 방법을 배우고, 런던과 같이 복잡하고 유동적인 현대 사회에서 어떻게 예배를 드리고 선교를 하며 공동체를 형성할 수 있을지 배우기 위해 시작되었다.[24] 몹스비는 나에게 "신성한 놀이(godly play)"라는 개념을 소개했다. 성경의 이야기를 즐기면서 사람들을 창조적으로 이끌어 적극적으로 반응하도록 하는 놀이이다. 이 놀이는 세 가지 단계를 포함한다.

우선 이야기하기(the telling)이다. 아주 천천히 그리고 존경심을 가지고 성경의 이야기를 읽어 나간다. 이야기를 생생하게 하기 위해 상징물을 자주 사용한다. 나는 모래를 가득 채운 플라스틱 상자를 사용하기도 한다. 만약 요단(Jordan)강을 건너는 이야기를 한다면, 돌덩이들과 함께 젖과 꿀이 흐리는 땅을 상징하기 위해 강대상 위에 포도송이를 올려놓는다. 나는 강을 상징하기 위해 파란색 옷을 입는다. 이야기를 준비하기 위해, 나는 어린이 성경의 이야기를 읽고 거기에 좀 더 자세한 설명을 붙인다. 이야기는 사람들

---

24) 다음 사이트를 방문해 보라. www.moot.uk.net 그리고 moot.uk.net/blog/mootblog.htm

을 성경 이야기의 강력한 힘으로 이끌어 간다.

다음은 질문하기(questioning)이다. 질문하기는 이야기에 참여하고 생각하도록 하는 것이다. 이야기를 잠시 멈추고 사람들을 "나는 궁금합니다(I wonder)."라는 문장을 사용하여 궁금한 것에 대해 질문하도록 초청한다. 사람들은 왜 이런 사건이 발생했는지 궁금할 것이다. 만약 이 부분이 이 이야기에 없었다면 어떻게 되었을까? 이 부분에서 그 인물은 무엇을 느꼈을지 궁금할 수도 있다. 하나님은 도대체 어디에 계셨는지? 그 이야기를 자신에게 대입시킨다면 어디에 속할 수 있을지 궁금할 것이다. 자신이 속한 공동체는 그 이야기와 어떤 연관이 있는지 궁금하기도 할 것이다. 질문들은 끝이 없고 이야기에 참여할수록 더 많아진다. 질문하기는 사람들을 즐길 수 있도록 하며, 또 그렇게 함으로써 자신들을 이야기의 한가운데 서도록 유도한다.

다음 단계는 마무리하기(ending)이다. 마무리는 다시 그 중단된 이야기의 결론을 맺는 것이다. 이렇게 하면 본문에 집중하면서 사람들을 예배로 자연스럽게 초청할 수 있다. 여기서 성경의 본문과 관련하여 하나님을 향한 반응이 지속되도록 시간과 공간을 마련해야 한다.

신성한 놀이(godly play)는 아이들에게 그 놀이를 권했던 제롬 베리맨(Jerome Berryman)이 처음 시작했다.[25] 하지만 나는 이 놀이의 원리를 활용하여 서른 명의 어른과 열다섯 명의 아이들을 한 시간 반 동안 완전히 몰입시킨 몹스비에게 많이 배웠다. 몹스비가 하는 것을 관찰한 후, 나는 이 놀이를 여러 세대가 함께 모인 가정교회 모임에서 시도했다. 아이들 교실에서도 활용했고, 성인반에서도 사용했다. 또한 다양한 시청각 교재를 더하여 더 큰 규모의 회중 모임에서도 사용했다. 모든 연령층의 사람들이 이구동성으로 이 놀이의 효

---

25) 다음 사이트에서 더 많은 자료를 찾을 수 있다. www.godlyplay.com

과에 대해 높이 평가했고, 성경의 본문 속으로 여행하며 창조적으로 즐길 수 있는 기회가 되었다고 감사를 전해왔다.

시인인 안젤러스 실레시우스(Angelus Silesius)는 "신은 창조 세계와 함께 놀이하신다. 놀이하는 모든 것은 그 자체로 신성을 띤다. 신은 자신의 기쁨을 위해 창조 세계를 꿈꾼다."[26]

하나님은 단지 조작적이거나 기능적으로만이 아니라 창조적인 상상력으로 즐겁게 놀이하신다. 그리고 만약 우리 인간이 하나님의 형상으로 지어졌다면, 우리 역시 놀이하도록 부르심을 받는다. 우리는 인간으로서, 이 땅 위에서, 그리고 창조적 자아의 충만함 속에서 하나님의 선물을 즐기며 놀이하도록 부르심을 받는다.

동방정교회는 부활절 아침의 예배를 재미있는 이야기로 시작하는 전통을 가지고 있다.[27] 그레이스웨이(Graceway) 교회에서 우리는 이러한 전통을 도입했다. 우리는 교회당 벽면 사이사이에 바짝 대어 부활절 달걀을 숨겼다. 모든 달걀은 재미있는 이야기로 싸여 있다. 사람들에게 달걀을 찾으라고 하고, 찾은 사람은 그 달걀의 포장에 쓰인 재미있는 이야기를 버리지 말라고 미리 말했다. 달걀을 다 찾은 후 그 이야기들을 하나씩 읽으며 둘러 앉아 예배를 드렸다. 아이들은 신나서 달걀을 찾았고, 사람들은 즐겁게 웃을 수 있었다. 하나님은 즐기시고 놀이하신다. 부활의 새 생명의 선물은 기쁨으로 가득 찬 놀이로 우리를 이끈다.

2001년 나는 뉴질랜드, 호주, 영국에서 대안적인 예배를 이끄는 지도자들을 면담했다.[28] 나는 대화를 나누면서 그러한 공동체의

쪼그라들어버린 것

하나님께서 그토록 풍부한 다양성으로 세상을 창조하셨다면, 지금 우리의 언어와 환경의 다양성이 이토록 쪼그라들어버린 것을 보시고 어떻게 생각하실까? *www.newscientist.com* 에서 "단어의 결핍 (For Want of a Word)" 을 찾아 읽어 보라.

---

26) 안젤러스 실레시우스의 시에서 발췌된 것인데, 이는 다음에서 인용했다. Jacques Derrida, "Post-Scriptum: Aporias, Ways and Voice," in *Derrida and Negative Theology*, ed Harold Coward and Toby Foshay, Albany, N. Y.: State University of New York Press, p. 313ff.

27) www.beliefnet.com/story/75/story_7506_1.html

28) 인터뷰의 자세한 내용과 전문을 보려면 다음을 참조하라. Steve Taylor, *A New Way of Being Church: A Case Study Approach to Cityside Baptist Church as Christian Faith "Making Do" in a Postmodern World*. Ph. D thesis, University of Otago, 2004. 이탤릭체는 저자의 강조이다.

본질적인 삶에는 공통적으로 직관적인 놀이의 요소가 있다는 것을 발견했다. 영국에서 온 한 참가자가 나에게 말했다. "저는 사람들이 이전에는 예배가 무엇인지 그 의미를 제대로 몰랐다고 생각합니다. 하지만 사람들은 즐겁게 노는 일에 열심이었고 그러면서 이렇게 말했습니다. '글쎄, 이런 16세기 종교적인 그림 옆에 상업광고나 영상 클립(clip)을 상영한다면 어떤 일이 일어날지 누가 알겠어? 그 아래서 밴드(band)가 노래를 하고 연주한다면 어떻게들 느낄까? 한번 해 보자, 어떤 일이 일어나는지!'"

신흥교회의 임무 수행은 놀이의 하나님과 협력함으로써 시작된다. 그것은 우리가 살고 있는 문화에 반응하면서, 창조적인 하나님의 형상이 생동감 있게 기꺼이 실천하는 것이다. 그렇다고 내가 터무니없는 자유, 무책임하고 무제한적인 놀이를 제안하는 것은 아니다. 생각해 보면 우리 그리스도인에게도 몇 가지 놀이의 재료가 있다. 성경, 전통, 그리고 정통적인 예술품(예컨대 16세기 그림과 같은) 등이다. 이러한 자원에 가지고 우리가 사는 세상의 다양하고 독특한 경험을 가미하여 풍부한 놀이를 즐기면 된다. 르네상스 시대의 화가들이나 그리스 초기의 프레스코(fresco) 예술가들과 마찬가지로, 우리 역시 새로운 생명의 태동을 하나님의 현존을 믿는 믿음으로 표현하는 것이다.

2002년 2월 뉴질랜드 '마케팅 매거진(Marketing Magazine)'의 겉표지가 내 눈을 사로잡았었다.[29] 표지는 다음과 같은 글만 적혀 있고 아무 것도 없이 온통 하얀색이었다. "포스트모던 시대의 마케팅! 당신만의 표지를 만드세요!" 잡지에는 12색의 크레용이 부록으로 덧붙여져 있었다.

포스트모던 문화는 우리에게 인간의 존재에 대해 새로운 방식으

---

29) *NZ Marketing Magazine*, February 2002, Volume 21, Number 1. 이 잡지의 글 중 "Post-Modernist Marketing" (p. 10–18)은 "How PoMo RU?"이란 질문을 던지면서 TV에서 현재 볼 수 있는 상업광고 6편을 통해 포스트모더니스트 마케팅의 현실을 보여준다.

로 상상할 것을 요청한다. 즉 놀이하기를 권하고 있고, 우리의 상상력을 마음껏 펼치라고 말한다. 우리는 당신이 하신 대로 창조적인 발걸음을 따라 올 것을 우리에게 기대하시는 창조적 하나님, 바로 그분의 상상력의 결과로 태어난 창조물이다. 다시 상상력을 발휘하고, 새롭게 하고, 그래서 재창조해야 하는 임무가 우리를 둘러싸고 있는 것이다. 우리의 오른쪽에서는 포스트모던 문화가 함께 즐기자고 초청하고, 왼쪽에서는 하나님의 복음이 놀이하라고 초청한다. 우리는 우리 시대의 문화와 기독교 신앙 모두로부터 창조성(creativity)을 내려 받으라는(download) 초청을 받고 있는 셈이다.

하나님의 형상, 긍정과 부정

나는 앞에서 그리스도인들이 관심을 갖기를 바라는 마음에서 충분히 놀이(play)에 대해 이야기했다고 생각한다. 사실 우리들 중 어떤 이들은 하나님과 놀이하는 것이, 하나님의 말씀의 권위를 떨어뜨리고, 그 거룩함을 손상시킬지도 모른다는 두려움을 느낄 것이다. 그러나 창조적인 놀이는 신선하며 성경의 참 뜻을 깊이 발견하도록 돕는다.

어느 해 부활절이었다. 사람들에게 모래와 나무를 주며 부활절 정원을 꾸며보도록 했다. 사람들이 제일 처음 한 일은 성경을 찾아 읽으며 질문을 던지는 것이었다. 예컨대, 부활절 아침에 천사들이 몇이나 있었는지, 여자들은 또 몇 명이었는지 말이다. 이렇게 단순한 놀이에 초청하는 것만으로도 사람들을 성경과 적극적으로 반응하도록 유도할 수 있었다.

그런가 하면 자신들만의 독특한 예술 행위를 통해 예배를 드리려는 사람들도 있다. 그들에게는 그런 행동이 자신들에게 새겨져 있는 하나님의 형상을 드러내는 작은 시작이 될 수 있다. 그런 행위에 대한 판단은 역사적으로 볼 때 늘 신학적인 과제였다. 출애굽기 20장 4절에서는 우상을 만들지 말라고 교훈하지만, 초대교회의 역사를 살펴보면 하나님의 형상을 예술적으로 표현한 사실이 많음을 발견하게 된다.[30] 우리에게는 또한 동방정교회의 지혜가 있는데, 그것은 언제나 계시적인 모습으로 나타난다.

> 몸도 없고 형체도 없으며, 그 자신의 측량할 수 없는 본성의 무한성을 지니고, 하나님의 형상으로 현존하시는 그 분은 자신을 비우시고 실체와 지위에 있어서 종과 같은 인간의 모양(form)을 취하셔서 육체를 입은 몸으로 나타나실 때, 당신은 하나님의 형상을 보게 될 것이고 그것을 보고자 하는 이들 누구에게라도 보여줄 수 있게 될 것이다.[31]

창조 사건과 성육신 사건을 중심으로 하는 기독교 신학은 물질의 선함을 인정하는데, 그것은 육신을 가진 인간이 하나님의 창조성의 흔적을 지니고 있음을 함축한다.

어떤 이들은 예술이 너무 모호해서 개인적인 해석의 여지가 많기 때문에 다 함께 드리는 공예배에 수용되기에는 문제가 있다고 생각한다. 그러나 사람들은 늘 해석을 하고 있으며, 그것이 이콘(icon)인지 그냥 이미지인지, 혹은 설교인지 그냥 이야기인지를 해석하고 있다. 종종 설교자는 의도하지 않았던 내용에 은혜를 받았다는 반응을 듣게 되곤 하는데, 이 경우 바로 청자들은 나름대로의 해석을 시도한 것이다.

---

30) 기독교 예술로서의 이미지들은 고대의 카타쿰(catacombs)의 벽화에서 확인할 수 있다. 고대 교회의 역사학자 유세비우스(Eusebius)는 그 곳에 예수의 초상화가 그려져 있다고 보고했다. Eusebius, chapter 7, sec 18. 다음에서 인용했다. Jim Forest, "Through Icons: Word and Image Together," *Beholding the Glory: Incarnation through the Arts*. Ed. Jeremy Begbie, Grand Rapids, Mich.: Baker Books, 2000, p. 84ff.

31) John of Damascus, *On the Divine Image: Three Apologies against Those who Attack the Divine Images*. Crestwood, N.Y.: Vladimer's Seminary Press, 1980, p. 18, Oratio I, p. 8.

더 알기 원안다면 다음을 참고하세요

Trevor Hart, "Through the Arts: Hearing, Seeing and Touching the Truth" in *Beholding the Glory: Incarnation Through the Arts,* edited by Jeremy Begbie. Grand Rapids: Baker Books, 2000.

이 책을 읽어보세요

Peter Graystone, *Sings of the Times: The Secret Lives of Twelve Everyday Icons,* Norwich: Canterbury Press, 2004.

그림: Sieger Köder, 마지막 식탁

해석하지 않는 척 하는 것보다는 그리스도의 몸인 교회 공동체 안에서 자신들의 해석능력을 점검할 수 있도록 배려하는 것이 좋다. 두세 사람이 모인 곳에는 주님의 임재 가운데 해석이 발생한다. 우리의 과제는 이미지를 사용하여 사람들에게 공동의 해석이 발생할 여지를 제공하는 공간으로서의 교회를 창조하는 것이다. 이를 위해서는 토론, 포럼, 질문과 답, 그리고 온라인 자료들이 모두 동원되어야 한다. 해석 공동체(a community of interpretation)는 개인의 해석을 수정하고 또 강화시킬 수 있다.

물론 우리 모두가 해석자라면 우리가 우리 이미지대로 하나님의 형상을 조작할 위험을 안고 있는 것도 사실이다. 하지만 이 위험을 극복하는 방법은 해석을 그만두는 것이 아니고, 여러 다양한 시도를 전개하여 우리의 구조를 노출시키는 것이다.

이를 수행하기 위한 한 가지 방법은 이미지들이 우리에게 질문을 던지도록 하는 것이다. 현대 독일 화가 지거 코더(Sieger Koder)의 작품을 한 예로 들어보자. 그의 작품 '마지막 식탁(The Last Supper)' 은 식탁 주위에 둘러앉은 제자들과 조각 난 빵을 독특한 방식으로 표현했다. 제자들 머리 위로 성찬의 잔을 들고 있는 두 손이 보이고, 성찬 포도주에는 인간의 얼굴이 비친다. 포도주에 비친 얼굴은 식탁 주위에 둘러앉은 제자들의 얼굴이 아니다. 그것은 예수님의 얼굴도 아니고 천사의 얼굴도 아니다. 그것은 그림을 보는 이의 얼굴이다.

코더의 작품은 우리에게 질문을 던진다. 당신들은 주님과 함께할 식탁에 무엇을 가지고 참여하는가? 컵에 비춰진 얼굴이 우리가 아니라면 그 그림에서 우리의 모습은 어디에 있을까?

따라서 하나님을 상황에 맞게끔 형상화하려는 어떠한 시도도, 사실은 하나님께서 우리를 바라보시는 것이다. 우리가 하나님을 구체적으로 형상화할 때, 또 공동체를 향해 하나님을 선포할 때, 하나님은 뒤에서 교회와 우리에게 질문을 던지신다. 교회가 진정으로 하나님의 이미지를 드러내고 있는지 물으신다. 그리스도 안에서 인간의 진정한 모습을 찾으려는 이들이 참여하는 교회인지 물으신다. 하나님의 몸, 곧 교회가 진정 하나님의 이미지인지 질문을 던지신다.

그래서 그 질문은 "우리 자신의 어떤 모습으로 하나님을 구성할 것인가?"가 아니다. 바른 질문은 "하나님의 이미지로 하여금 우리를 구성하도록 우리 자신을 내놓을 것인가?"하는 것이다. 문제의 핵심은 형상에 있지 않고, 우리의 이미지를 만드는 그분의 신실함에 있는 것이다.

그분의 이미지: 우리의 삶을 감싸고 있는 그분의 창조성

우리 시대는 "이미지의 문명(Civilization of the Image)" 시대이다. 이 표현은 이미지 산업에 의해 잠식된 우리의 모습을 묘사한 것이다.[32] 사담 후세인(Saddam Hussein)의 몰락은 쓰러지는 그의 동상과 수염을 기른 채 의사의 검진을 받는 이미지가 TV를 통해 전달되면서 사람들에게 각인되었다. 우리 모두는 그런 방식으로 전달되는 이미지들을 통해 특정한 의견과 정보를 얻게 된다. 어떤 이들은 이렇게 이미지가 강력한 여론 형성 능력을 가지고 있다는 사실을 위험스럽게 받아들인다.

하지만 그것은 일종의 가능성(possibility)으로 보일 수도 있다. 즉 이전에 듣지 못했던 질문과 논의된 적이 없던 반응들을 접하는 기회가 될 것이다. 이미지들이 쭉 늘어져 여기저기 흩어져 있다고 하자. 아무런 관련성이 없어 보이는 이미지들을 어떻게 연관시킬 수 있을까?

이미지들은 자신들을 설명하고 담아낼 수 있는 이야기

32) 이 용어는 다음에서 사용되었다. Richard Kearney, *The Wake of Imagination*. London: Routledge, 1988, p. 1.

예술과 감정(emotion)

데이비드 프리드버그(David Freedberg)는, 이미지가 우리의 합리적 이성보다는 감정을 지각(cognition)의 한 부분으로 여기도록 한다고 주장한다. *The Power of Images: Studies in the History and Theory of Response, Chicago;* London: University of Chicago Press, 1993, 430.

롤랑 바르트(Roland Barthes)는 사진을 본 뒤 생기는 감정은 "나를 형성한 종교적 실체(substance)의 심연 속으로 접근한다.... 사진술은 부활과 특별한 관계를 가진다."는 의견을 제시한다. *Camero Lucido: Reflections on Photography.* trans. Richard Howard, New York: Vintage, 1981, 82.

진정한 이웃의 시선

두 사진사가 도시의 같은 구역을 찍으며 오후를 보낸다. 둘은 흑백 필름을 사용한다. 그 구역 한쪽 끝에 재건축을 하는 지역이 있다. 1890년대 지어진 집들의 페인트칠은 모두 벗겨졌다. 벽에 거는 식물들이 건물 끝부분 근처 입구를 장식한다. 젊은 아버지는 세 살짜리 아들에 손을 잡고 걸음을 멈춘다. 한 사진사가 이 따뜻한 장면을 카메라에 담는다. 그것은 희망을 주제로 한 세 장짜리 사진이다. 도시가 다시 태어나는 모습이다. 다른 사진사는 샛길의 쓰레기 더미 옆에서 놀고 있는 아이들을 담으려 한다. 그 아이들는 신발을 신지 않고 있다. 어떤 사진, 어떤 시선이 더 진실한가? 우선적으로 꼽을만한 장면은 어떤 것인가? 둘 다 진실한 사진일까? 그것을 누가 결정할 수 있는가?
— 샐리 모겐달러
(Sally Morgenthaler)

(narrative)를 찾고 있다. 문화 철학자 리처드 커니(Richard Kearney)는 상상(imagination)을 영원한 위기에 놓인 것이라 묘사하면서 "바로 이 의식의 위기상황이 계시적인(revelatory) 징후를 드러낸다." [33]고 말한다. 하나의 이미지로 표현되던 문화가 점점 더 다양한 이미지들로 파편화되고 분리되면, 그 분리된 조각들은 우리에게 이야기와 함께 해석적 의미의 구조틀(framework)을 요청하게 된다. 해석적 구조틀은 직접적으로 하나님을 드러내지 않는다 하더라도 실질적으로는 신학적인 틀이다. 그 틀들은 질문을 던진다. 이 이미지들이 과연 무슨 의미인가? 이 이미지들에 반응하기 위해 우리는 무엇을 해야 하는가? 오늘날 세상에서 인간으로 산다는 것이 무엇을 의미하는가? 이러한 질문들은 위기에 놓인 영혼의 질문들이다.

구조틀의 요청에 직면한 이 시대의 교회는 선교적 질문에도 마찬가지로 노출되어 있다. 우리 문화의 조각난 이미지들을 해석하기 위해, 교회는 어떤 방식으로 구조틀을 세울 수 있을 것인가? 그러한 질문은 위기를 기회로 전환시킨다. 그 질문들은 인간의 상상력으로 새로운 가능성을 발견하고 연결점을 찾도록 자극한다.

우리시대의 철학자 슬라보예 지젝(Slavoj Zizek)은 이것을 두고 "잉여(surplus)"라고 부른다. 각 사람은 이미지들을 처리하면서 "창조적인 잉여(creative surplus)" [34]라는 선물을 얻게 된다. 그래서 이미지들을 처리한다는 것은 창조적인 놀이의 선물이 된다. 이러한 놀이를 교회는 어떻게 권장할 수 있을 것인가? 그 의미를 찾도록 어떻게 교회가 도움을 줄 수 있을까?

그 대답은 사역(ministry), 예배, 그리고 공동체에 대해 창조적으로 사고하고 실천하려는 노력을 통해 얻어질 것이다. 교회가 요청받고 있는 이 시대의 가장 중요한 역할은 창조적인 놀이를 할 수

---

33) Kearney, *The Wake of Imagination*, p. 396

있을 만한 공간을 사람들에게 공급하는 것이다. 그리고 이미지와 다양한 영적인 도구들, 또 하나님과 자신, 자신과 타인, 그리고 하나님의 세계 사이에서 그 연결점을 발견하도록 사람들에게 공간을 제공하는 것이다.

창조적 놀이의 실천

어떻게 우리는 하나님의 창조적 가능성을 우리의 것으로 다운로드(download) 할 수 있을 것인가? 혹시 그 방법을 제시하는 것이 오히려 여러분의 창조성을 제한할 수도 있다는 점을 인정하고, 또해 아래 새로운 것이 없다는 것을 고백하면서도 다음과 같이 창조성을 넓힐 수 있는 방법을 제시한다. 대부분 그레이스웨이 교회에서 시도되고 있는 방법들이다.

1. 창조적인 하나님의 영의 임재를 간구한다.
2. 집이든 공개된 장소든, 교회가 되었든 카페이든 내부의 인테리어 장식이 보기 좋은 곳을 택하라. 당신은 그곳에 어떤 이미지를 추가하고 싶은가? 그리고 그곳에서 어떻게 창조적으로 "놀이(play)"할 수 있을까 생각하라.
3. 스토리텔링(storytelling)을 하는 저녁 모임을 시작하라. 사람들에게 자신이 가진 것들─반지, 피어싱(piercings), 벨트(belt)─에 대한 이야기를 하도록 유도하라. 이러한 상징들은 그들에게 무엇을 의미하는지 말하게 하라. 그 상징물들을 왜 소유하게 되었는지 물어보라.
4. 공동체의 가르치거나 주도적으로 말하는 이에게 어떤 것이든 좋으니 상징적인 물건을 하나씩 건네주라. 그들에게 앞으로는

---

34) Zizek, "Reading Images," *Reading Images.* Ed. Julia Thomas. Hampshire and New York: Palgrave, 2001.

이 책을 읽어 보세요

Mitchell Stephens, *The Rise of the Image, the Fall of the Word.* New York: Oxford University Press, 1998.

창문 밖으로

포스트모던 세상에서는 복음 전파의 일차적 과제가 조각나고 파편화된 포스트모던적 삶을 위한 창틀을 제공하는 것이다. 세상은 하나님을 향해 열리는 창문을 원하고 있다. 그러나 그것은 과거의 방식을 원하는 것이 아니다. 무조건적인 신앙고백을 강요하거나, 무식한 이들을 무시하는 행위는 아무런 접점을 찾지 못한다. 세상은 그 자신만의 창문이 필요한 것이다. 그들이 필요한 것은 하나님의 이야기, 즉 창조, 방향상실(disorientation, 타락을 의미, 역자 주), 재정향(reorientation), 그리고 우주적 구원의 성취 등과 같은 이야기들을 이해할 수 있는 신뢰할 만한 구조틀이다. 성경의 이야기를 이해하도록 틀을 제공하고, 우리는 한발자국씩 뒤로 물러나 그들 자신의 이야기들, 자신들의 질문들, 의문과 두려움들을 들어주어야 한다. 그들의 다양한 경험을 들으며 그들을 이해할 수 있어야 한다.
─ 샐리 모겐달러
(Sally Morgenthaler)

말하거나 가르칠 때 일종의 포인트(point)로 각자가 받은 그 물건을 사용하도록 하라.

5. 교회를 표현하는 장식물이나 표현물을 비치할 때 가능한 한 다양한 목소리들이 반영될 수 있도록 하라. 혹시 인종차별적인 내용으로 해석될 여지는 없는지 교회의 장식물이나 예술 작품을 바라보라. 아이들에게도 성경봉독의 기회를 주고, 독신자에게 축도할 기회를 주거나 장로들에게 성찬을 집례토록 해 보라.

6. 예배장소에 예술 작품들을 걸어 놓아보라. 그리고 예술가들에게 자신들의 작품을 걸도록 권해 보라.

7. 듣기, 보기, 맛보기, 느끼기, 냄새 맡기, 이 다섯 가지 감각을 예배나 아이디어 회의 때 사용할 수 있도록 시도하라. 어떻게 오순절 다락방 사건이나 엠마오(Emmaus) 도상에서 일어난 이야기를 가지고 오감을 사용해 즐길 수 있을까?

8. 예술과 신학에 관한 배움의 과정을 개설하라. 과정은 세 부분으로 나누라. 성경을 가르치는 것이 하나이고, 예술가를 초청하여 예술관련 전문기술을 배우는 시간이 두 번째이고, 마지막은 성경의 주제를 창조적으로 표현하는 시간이 되어야 한다.

9. 우리에게 익숙한 성경 본문에 새로운 생명력을 불러 일으킬 수 있도록 배우나 댄서들(dancers)을 초청하여 말이나 창조적인 움직임과의 열린 만남을 제공하라.

10. 창조적 예배라는 음식을 위해 요리책을 제공하고, 그 책을 읽는 독자들은 자신에게 주신 하나님의 창조성을 활용하여 자신들만의 "요리"를 하도록 권하라. 그리고 www.emergentkiwi.org.nz에 자신들의 요리법을 게재하여 다른 사람들이 내려 받을 수 있도록(download) 하라.

11. 우리의 파편화된 삶의 틀을 재편하여 만들어지는 새로운 이미지를 표현하기 위해 모자이크(mosaic) 형식의 공동체를 창조하라.

더 참고하면 좋은 책들

Jeremy Begbie (ed), *Beholding the Glory: Incarnation through the Arts.* Grand Rapids, Mich.: Baker Books, 2000.

William A. Dyrness, *Visual Faith. Art, Theology, and Worship in Dialogue.* Grand Rapids, Mich.: Baker Academic, 2001.

Christian Eckart, Harry Philbrick, Osvaldo Romberg (editors), *Faith: The Impact of Judeo-Christian Religion on Art in the New Millennium.* Ridgefield, Connecticut: The Aldrich Museum of Contemporary Art, 2000.

Richard Kearney, *The Wake of Imagination: Toward a Postmodern Culture.* London: Routledge, 1994.

Mitchell Stephens, *The Rise of the Image, the Fall of the Word.* New York: Oxford University Press, 1998.
Karen Stone, *Image and Spirit: Finding Meaning in Visual Art.* Minneapolis, Minn.: Augsburg Books, 2003.

참고할 만한 웹사이트

www.neave.com/lab/misc/imagination.html
http://jonnybaker.blogs.com/jonnybaker/

이름 짓기 게임

언젠가 내 아들 앤디는 수영장에 갔다가 거기서 한 친구를 만나 즐겁게 놀았다. 그 아이는 집에 돌아와서 흥분하며 외쳤다. "저 오늘 새 친구를 사귀었어요!" 우리는 "그 애 이름이 뭐니? 집은 어디고?"라고 물었더니, 앤디는 어깨를 들썩이며 모른다고 했다. 아니 그 아이는 새 친구의 이름을 굳이 알 필요가 없었다. 그냥 그 두 아이는 놀며 즐겼던 것이다. 앤디가 그 친구의 이름을 알게 된 것은 그 후로도 여러 번 만난 후였다. 그리고 우리 두 가족도 만났다. 아이들은 새로운 관계를 맺기 위해 꼭 이름을 물을 필요가 없다. 우리는 신학적인 질문을 던지며, 또 정확한 이름을 알아야 한다는 중요성을 부각시키거나, 옳은 것이 무엇인지 생각하느라 서로를 그저 사람으로 받아들이는 일에 얼마나 자주 방해를 받는가? 우리는 놀기 전에 먼저 이름을 서로에게 붙인다. 우리는 뒤로 향하는 여행을 하고 있는 셈이다.
– 올리브 드레인(Olive Drane)

www.sxc.hu/

www.osbd.org/article/21/

3

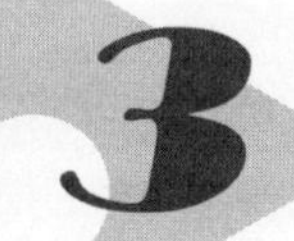

PART THREE

제3장 새로운 시대, 새로운 선교

교회의 경계를 넘어 다시 교회로!

Learning to Create a Community of Faith in a Cult

ange

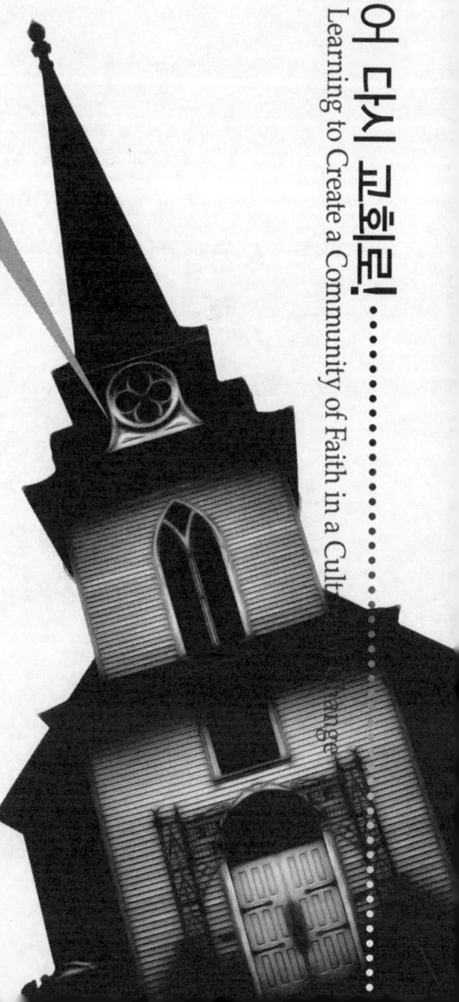

EMERGING MISSION

This Space for Correspondence

여기는 런던입니다. 저는 지금 막 얼링(Ealing)으로 가는 전철을 잡아탔습니다. 그레이스 교회에 가서 조니 베이커(Jonny Baker)와 스티브 콜린스(Steve Collins)를 만나려고 합니다.

그레이스 교회가 창조적인 예배를 드린다는 점에서 세계에 널리 알려져 있는데, 저는 그들이 엄청난 영적인 자원들을 가지고 있다는 점을 발견했습니다. 런던에 있는 또 다른 대안적 예배 공동체처럼, 그레이스 역시 미로 형태의 순례 코스를 만들어 워크맨(walkman)을 통해 설명을 들을 수 있도록 배려했습니다. 그런 미로 형태의 코스는 영국 전역에서 하나의 프로그램으로 정착했고 미국에서도 책으로 출간되었습니다.

오늘날 우리가 살고 있는 이 도전적인 세상에서는 작은 소그룹이라 할지라도 창조적으로 영성수련의 자원을 제공할 수 있습니다. 그 창조적인 시도는 전 세계의 많은 이들에게 좋은 도전이 될 것이고, 그들의 영적 순례를 도울 수 있을 것입니다. 이것이 바로 새로운 기독교요, 온 세상이 하나로 연결된 오늘의 세상에서 실천할 수 있는 뜻 깊은 성육신적 과제가 아니까요?

Post Card
2007. 07.
COMMEMORATIVE SERIES 1901.
UNITED STATES OF AMERICA
5
5
BRIDGE AT NIAGARA FALLS
POSTAGE FIVE CENTS
This Space for Address only

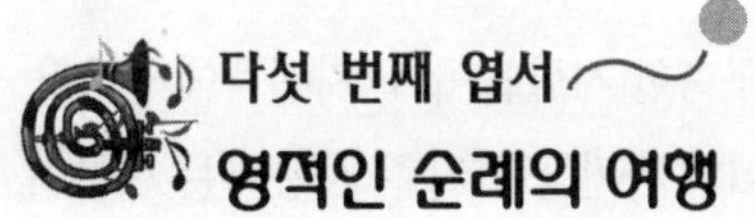

다섯 번째 엽서
영적인 순례의 여행

카페에서 나는 최근에 구입한 책 〈당신의 집에서 영적인 생활을 *Spirit at Home*〉을 뒤적인다. 이 책은 예전에 비해 우리 시대의 문화가 분명히 더 영적인 분위기를 가지고 있다는 사실을 상기시킨다. 루어만(Luhrmann) 감독의 〈로미오와 줄리엣 *Romeo and Juliet*〉에 등장하는 십자가와 예수의 동상에서도 분명 그러한 근거를 발견할 수 있다. 영화 〈미녀와 뱀파이어 *Buffy the Vampire Slayer*〉, 〈해리 포터 *Harry Poter*〉 시리즈의 성공 역시 이러한 분위기를 뒷받침해 준다. 영적인 구도자들(seekers)은 영적인 삶을 실천하기 위해 여러 가능성을 알아보며 영성의 시장을 어슬렁거린다. 그들은 시대적 적절성과 문화적 일관성을 발견할 수 있는 의식(ritual) 혹은 신비의 세계를 탐험한다. 그들이 개인을 중요하게 여기는 것은 분명하지만, 그것은 전적으로 타인과 연관되어 있는 개인주의이다.

우리가 영성을 갈망하는 것은 본성적인 것이다. 하나님의 형상을 따라 만들어졌다는 것은 당신과 내가 거룩하신 분과의 온전한 일체감을 추구하는 관계 속에 창조되었다는 것을 의미한다. 우리 개인의 정체성 속에는 바로 그 관계적 자성(magnetism)을 발전시키려는 자연스러운 욕구가 묻어 있다.

데이비드 헤이(David Hay)는 교회를 다니지 않는 현대인들을 대상으로 영성에 대해 조사했다. 이 조사를 통해 그는 교회 출석률은 하락했지만, 공식적으로 보고된 종교적 경험자는 증가하고 있다는 점을 발견했다. 헤이는 교회 밖의 사람들에게 영성이 무엇인가를 추구하는 것임을 알았다. "네 스스로 알아서 하라(do-it-yourself)"의 신학은 40세 이하의 사람들 가운데 두드러졌는데,

파편들(fractions)

나는 해리 포터 1편에 나오는 9와 3/4 플랫폼에 대한 묘사를 좋아한다. 플랫폼 9와 10의 차가운 논리 사이에는 딱딱한 벽돌 벽이 놓여 있다. 만약 거기서 제대로 달려 나간다면 다른 세상으로 뚫고 나갈 수 있다. 그곳은 파편들로 이루어진 복잡하고 마술적인 세계다. 논리가 지배하게 되면 우리의 세상은 타락할 것이다. 그러나 또 다른 가능성의 세상도 있다. 친절한 교장(해리포터에 나오는 마술학교의 교장, 역자 주)이 우리의 안전을 수호하고, 희망이 있는 그런 세상 말이다. 그것이 신비이고, 영성이며, 부활이다. —제라드 켈리(Gerard Kelly)

그들은 "자기 자신의 신학을 구축한 사람들이며, 자신들에게 유용한 기독교 내러티브(narrative)의 파편들을 자주 사용하는 이들이다." [1]

오늘 교회의 선교적 과제는 하나님을 향해 끌려가는 자석과 같이 인간의 본래적 갈망을 존중하고, 하나님을 향하는 영적인 탐험이 가능한 환경을 제공하는 것이다. 잊지 말아야 할 것은 그런 과제를 수행할 때 주도하는 이는 우리가 아니고 하나님이시기에 우리는 그저 동반자임을 잊지 말아야 한다.

동시에 경계해야 할 것은 하나님을 자기 뜻대로 길들이려는 유혹이 있다는 사실이다. 그리스도인들은 교회의 담을 높이기 좋아하고, 자신들의 방식대로 평안하게 성령을 즐기려 한다. 영적인 구도자들은 하나님과 함께 살아야 할 일상생활의 진리와는 동떨어진 신학, 그저 자기 입맛에 맞는 신학만을 선호할 함정에 빠질 수 있다. 하지만 성경이 말하는 하나님의 영은 결코 인간 마음대로 길들여지지 않는다. 구약성경에서 하나님의 영은 '루하'(ruach)인데, 사막 골짜기를 지나는 돌풍처럼 바위를 때려 닳게 만든다. 그 바람은 거칠며 최고의 강력한 힘을 가진 바람이다. 신약의 성령은 교회가 담 안에 머무는 것이 아니라, 밖을 향하도록 하여 당대의 문화를 뛰어 넘도록 한다. 그 바람은 개인의 안락한 지대를 초월하여 저 미지의 세상을 향해 나아간다. 그분의 영은 항상 세상 가운데 계시다.

여행자의 영성

영화 〈비포 선라이즈 *Before Sunrise*〉는 내가 가장 좋아하는 낭만적인 영화 중 하나다. 이 영화는 유럽을 여행하던 미국 배낭 여

---

1) David Hay, "The Spirituality of the Unchurched," 이 글은 다음의 책에서 참고했다. British and Irish Association of Mission Studies, Birmingham, September 2000, pp. 7, 9.

행객이 젊은 여학생을 만나게 되는 이야기이다. 그들은 비엔나(Vienna)에서 환상적인 열 네 시간을 함께 보낸다. 여행이 무엇인가를 해야만 하는 것이 아니라, 무엇인가를 추구할 때 발생하는 그 무엇이 여행임을 보여준다. 여행은 기대하지 않았고 알지도 못했던 것에 사로잡히는 것이다.

많은 젊은이들은 일종의 통과의례처럼 외국여행을 원한다. 흥분한 얼굴로 배낭을 짊어진 젊은이들은 공항에서 그들보다 훨씬 더 긴장한 모습을 한 부모에게 입맞춤을 한다. 순진한 얼굴로 손을 맞잡고 부모에게 돈을 받는다. 부모들은 모험심을 자극하는 이야기와 몇 마디 인사를 전하고 편지를 쓰겠다는 아이들의 약속을 들으며 뒷모습을 바라본다. 취직을 하거나 학위를 따야 할 필요가 없다. 한 일이 년 동안 새로운 세상을 둘러보고, 새로운 관점을 배우며, 새로운 경험을 쌓게 될 것이다. 이러한 통과의례와 같은 여행 경험은 무엇인가를 추구하는 형태를 띠게 되고, 개인의 정체성, 자신과 타인의 정체성을 발견하는 엄청난 결과를 선물할 것이다.

포스트모던 시대에 여행은 구원을 향하는 선교적 틀을 제공한다. 즉 사람들은 영적인 여정에 오른 "여행자들(tourists)"이며, 교회는 "여행 가이드"가 되어 여행객들의 영적인 추구(quest)를 자극하고 발전을 독려한다.

여행의 유형

여행을 해 본 사람은 누구나 여행자의 정해진 모습이란 없다는 것을 알고 있다. 어떤 여행자들은 단순히 기분전환(recreation)을 원한다.[2] 그들은 인적이 드문 해변의 석양을 즐기며 재충전을 위한

이 영화를 보세요
비포 선라이즈. 이단 호크(Ethan Hawke), 줄리 델피(Julie Dilpy) 주연, 리처드 링클레이터(Richard Linklater) 감독.

비포 선라이즈의 후속편 *비포 선셋(Before Sunset)* 을 보세요. 두 주인공은 9년 뒤에 파리에서 만나게 된다.

---

2) Erik Cohen, Nachman Ben-Yehuda, and Janet Aviad, "Recentering the World: The Quest for 'Elective' Centers in a Secularized Universe." *The Sociological Review* 35, 2, 1987, pp. 320-345.

휴식을 추구한다. 그들에게 한 권의 좋은 책과 맛있는 음식, 그리고 충분한 여유를 제공한다면 매우 행복해 할 것이다.

또 다른 여행자들은 경험을 원한다. 다른 문화의 의미를 찾으려 한다. 호기심도 많고 질문도 많은 그들은 패키지(package) 여행을 따라 버스에 앉아 있거나 해변에서 살을 태우는 것보다는 다른 지역의 문화를 살펴보고 싶어 한다. 탐험심이야말로 이들에게 가장 본질적인 동기이다.

실험적(experimental) 여행자들은 구도자들이다. 단지 대안적 시각을 탐험하는 것에 그치지 않고, 그들은 적극적으로 새로운 의미를 발견하려고 애쓴다. 그들은 삶과 정체성을 인식하는 다른 시각을 갖기 위해 마치 물건을 사기 전 꼼꼼히 살피듯 여행한다.

어떤 실험적 여행자들은 그들이 찾는 것을 발견하게 될 것이다. 그들을 실존적(existential) 여행들이라 부를 수 있다. 그들은 마음속으로 늘 현재 있는 곳과 다른 장소를 그린다. 집에서도 그들은 이스라엘의 키부츠(kibbutz)나 이탈리아의 빈야드(Vineyard)를 갈 준비를 하며 마음을 먼저 보낸다.

모든 여행자들은 모처에서 이러한 이들을 계속 경험하고 있다. 영화 〈비포 선라이즈 *Before Sunrise*〉에 등장하는 인물들은 아마 휴식이나 기분전환을 원했다고 말할 수 있을 것이나, 그들은 실상 자신들의 본질적 정체성과 삶에 대한 시각을 변화시키는 경험을 했던 것이다.

여정(journey)

분명히 여행과 영성 둘 사이에는 유사한 면이 있다. 기독교적 방식은, 실험적인 구도자가 자신의 존재와 세계에 대한 이해를 새로운 시각으로 전환하여 실존적 재배치(relocation)를 경험하게 되는 것이다. 하나님과 영적으로 동행하는 여행은 아주 본질적인 부르심을 경험하는 것이다. 그것은 재충전이나 기분전환에서 벗어나 정신이나 마음의 내적인 재배치이다.

수세기 동안 하나님의 사람들은 물리적으로 한 곳에 머물지 않고 장소를 이동해 왔다. 가나안으로 향하는 아브라함의 여정에서 이스라엘 민족이 방황하던 광야길에 이르기까지, 골고다의 언덕길에서 바울의 선교 여행에 이르기까지, 중세의 순례길에서 존 번연(John Bunyan)의 저작(천로역정, 역자 주)에 나타난 문학적 상상력에 이르기까지 모두 그러하다. 이러한 사례들이 증명하듯이 그 여정이 직선처럼 단순한 적은 드물다.

베드로의 경우를 생각해 보자. 예수님은 베드로를 제자로 부르셨지만, 베드로가 언제 그 초청을 "진심으로" 받아들이게 되었는지는 알기 어렵다. 주님이 "나를 따르라"라고 말씀하셨을 때였을까? 아니면 베드로가 "당신이 메시야이십니다."라고 말했을 때? 혹 예수님께서 그에게 "사탄아 물러가라?"라고 말씀하셨을 때인가? 예수님을 부인했을 때 그는 그리스도인이었던가? 아니면 "내 양을 먹이라."라고 주님이 베드로에게 말씀하셨을 때였을까? 아마도 그것은 사도행전 10장에서 베드로의 세계관이 바뀐 시점이 아니었을까? 그때 그는 비로소 기독교가 자신이 몸담아 온 문화적 유산보다 더 크다는 것을 깨달았다. 그러나 그는 갈라디아서 2장에 따르면 금방 과거의 모습으로 돌아가 버린다. 베드로는 직선이 아닌 순례의 길에 서 있었던 것이다. 그 여정은 그를 항상 하나님 앞으로 조금씩 이끌어 간다.

이번에는 바울의 경우를 보자. 우리는 그의 다메섹(Damascus) 도상의 경험을 극적인 회개(conversion)의 사건으로 해석하곤 한다. 물론 극적이다. 하지만 실제로는 그것은 회개라기보다는 새로운 임무를 위임(commission) 받은 사건이었다. 그 사건을 위임이라고 해석하는 것은, 바울이 그 사건에 대해 묘사한 것과 일치하며, 또 그가 구약성경에 대해 전문가였다는 사실을 고려할 때 분명

여행자들을 위한 교회

그레이스웨이 교회가 나에게 항상 그러했던 것처럼, 영적인 여행자들은 하나님과 함께 여행하고 있다는 점을 교회가 인정하는 것은 매우 중요한 일이다. 그들을 억지로 시키거나 무조건 정해진 일련의 과정에 몰아넣는다면, 그들은 자신들의 여행 목적에 방해가 될 것을 뻔히 알면서도 그 길을 가려고 하지 않을 것이다. 오직 그들과 하나님만이 언젠가 함께 하게 될 장소와 때를 정확하게 알고 있다. 또한 오직 하나님만이 그들이 가야 할 다음 일정을 알고 계시다. 따라서 지원은 하되 부담은 주지 말아야 한다. 그리고 가이드를 해 주지만 그들 여정의 운전대를 직접 쥐고 좌지우지할 생각을 버려야 한다.
– 켈리 랍슨(Kelli Robson)

이 책을 읽어 보세요

Nelson Graburn, "Tourism: The Scared Journey," in *Hosts and Guests: The Anthropology of Tourism*, ed. Valence L. Smith(Philadelphia: University of Pennsylvania Press, 1989).

다음을 참고로 읽어 보세요

John Drane, *Evengelism for a New Age: Creating Churches for the Next Century*, London: Marshall Pickering, 1994, pp. 97–110.

하다. 바울에게 있어 그 변화는 무지에서 깨달음으로의 변화가 아니라, 적의에 차 있던 이가 이제 하나님의 부르심을 받아들였다는 것을 의미했다.

베드로와 바울의 이야기는 영적인 여정을 새롭게 이해하도록 한다. 베드로에게서 우리는 재충전을 원하는 여행자가 실존적 여행자로 변화하는 것이 단번에 이루어지지 않는다는 것을 배울 수 있다. 진정한 실존적 여행자들은 다른 문화나 경험을 통해서도 많은 가능성을 배울 수 있음을 알고 기꺼이 자신을 개방하며 조금씩 성장한다. 바울의 그 여정은 사전에 잘 알려져 있는 것이거나, 혹 그 여정의 지도가 상세히 제공된 것이 아니었다. 하나님께서 갑작스러운 방식으로 개입하셨다는 사실을 우리는 알 수 있다. 또한 두 사람의 사례를 통해 대부분의 의미 있는 여행은 불명확한 길과 잘 모르는 곳으로 여행자를 이끌어 가곤 한다는 것을 알 수 있다.

이정표 세우기

영적인 여행이라는 은유(metaphor)가 길을 가면서 아무런 판단이나 결정을 하지 않아도 된다는 것을 의미하지는 않는다. 마음대로 길을 가야 한다면 아마도 그 길은 방향을 잃어버리게 될 것이다. 그래서 교회의 역할이 필요하다. 우리들 중 이미 여행을 경험하고 있는 사람이 뒤따라 오는 여행자들에게 이정표를 만들어 주고 정보를 제공해야 한다. 하지만, 그러한 일을 하면서 내 편, 네 편을 구분한다면 자칫 교회를 한쪽으로 치우친 불구자처럼 만들어 버릴 수 있음을 명심해야 한다. 우리가 만드는 이정표는 함께 가기를 원하는 모든 이들을 안내해야 하는 것이어야 하며, 그 여정에서 누군가를 배제하려고 해서는 안 된다.

켈리(Kelli)는 그레이스웨이(Graceway) 교회를 통해 신앙을 갖게 된 여성이다. 나는 무엇이 겁 많은 실험적 여행자였던 그녀를 실존적인 귀의자로 변화시켰는지 물어 본 적이 있었다. 그녀는 그레이스 교회가 들어주는 교회, 개인을 존중하는 교회, 관계적이고 깊이 생각하는 교회, 멀티미디어(multimedia) 교회, 또 살아있으면서 생명을 숨 쉬는 교회, 포용적이며 용납하는 교회, 그리고 정직하면서 진정한 교회라는 것을 경험했다고 증언했다.

켈리는 또한 신앙을 제대로 발견할 수 있도록 돕는 여러 이정표들의 지원을 받았다. 그 이정표들은 다 함께 예배를 드린 후 그 예배를 가정에서도 묵상하도록 하는 구체적인 것들, 예컨대 예수님의 이미지들과 재림석(Advent stones) 같은 것들이다. 그녀는 대중음악이나 자연, 또 사이버 공동체와 같은 방법이 신앙에 쉽게 접근하도록 지원했다고 말했고, 자신의 이야기를 들어 줄 수 있는 모든 예술적인 것들에 관심을 가질 수 있었다고 회고했다.

교회의 사명은 영적인 여행자들에게 일종의 자원(resources)으로서의 역할을 감당하는 것이다. 단지 재충전이나 기분전환을 위한 여정을 실존적인 재배치의 여정, 즉 하나님나라에 들어가는 여정이 되도록 돕는 것이 교회의 역할이다. 우리는 영적인 여행길에 가이드가 되어 그 일을 할 수 있을 것이다.

여행 가이드는 여행을 중단시킬 수도 있고 계속 진행할 수도 있다. 여행 가이드는 사람들에게 깊이 있는 여행 정보와 지식을 전달하거나 지역의 습관이나 관습을 알려 줄 수도 있으며, 여행자들이 안전하게 탐험하고 경험할 수 있는 방법을 알려 주기도 한다. 여행 가이드는 여행을 계속 연장하려고 초청장을 만들 수도 있고, 그래서 여행자들이 여행을 계속하면서 집으로 돌아가지 않도록 만들 수도 있는 것이다. 유능한 가이드는 여행자들의 필요가 무엇인지, 또 무엇을 준비하고 있는지 잘 파악할 수 있는 직관력이 뛰어나야 한다. 그런 여행 가이드는 그 여행의 효과가 더욱 배가되도록 적절한 자료를 준비하여 사람들이 기대하는 것보다 더 훌륭한 기회를 제공한다.

나는 이런 주장이 교회를 상업화하려는 것처럼 들릴 수 있다는 점을 잘 알고 있다. "여행객들"의 입맛에 맞춰야 하며, 그들 스스로 영적인 형성을 위한 방법을 발견하도록 해야 한다는 점에서 그렇게 생각할 여지가 있는 것 같다. 하지만 교회의 그러한 배려가 실존적이면서도 삶을 변화시키는 신앙을 원하는 이들에게는 놀라운 계시와 충분한 휴식을 제공해 주리라는 점을 생각해야 한다.

영적인 여행과 예배

어느 해인가 그레이스웨이 교회는 고난 주간 동안 "스칸디나비아식으로(여러 가지 것들로 구성된 장소라는 의미, 역자 주) 장식된 공간"을 만들어 여러 행사를 하며 부활절을 기념했다. 우리 지역의 회관 하나를 임대해서 방문객들이 익숙한 방식으로 주님의 고난을 보고 듣고 냄새를 통해 경험할 수 있는 환경으로 꾸몄다. 벽에는 부활절을 표현하는 미술 이미지가 투영되었다. 하얀 천으로 벽을 가렸고, 촛불 조명에 잔잔한 음악이 흐르게 했다. 우리는 사람들이 그 장소를 찾아갈 수 있도록 안내하고, 상징적인 의식으로서 손을 씻을 수 있는 곳을 마련했으며, 명상 기도를 위한 안내 책자를 나누어 주었다. 그리고 성경의 한 부분을 매 15분마다 크게 낭독하도록 했다.

여기서 사용된 재료들–성경, 음악, 예식–은 우리에게 익히 익숙한 것이지만 새로운 방식으로 활용되었다. 사람들은 자유롭게 들어오고 나갈 수 있었다. 사람들은 주어진 재료들을 언제 사용할지, 언제 성경을 들을지, 언제 부활절 이미지를 묵상할 것인지, 언제 손을 씻으며 용서를 구할 것인지, 또 그 장소를 떠나갈 때는 언제일 지를 스스로 선택한다. 이러한 방법은 복음의 능력을 강력하게 드러낸다. 영적인 여행자들이 자기 자신의 시간과 방법으로 반응하도록 만드는 것이다.

새로운 미디어 전문가인 마노비치(Lev Manovich)는 현명한 사람이다. 그는 우리 시대의 문화가 객관적 공간(objective space)으로부터 "항해 가능한 공간(navigable space)"으로 이동하고 있다고 주장한다. 항해 가능한 공간은 포스트모던적 변화의 일단이며, 지금 우리 각자가 경험하는 새로운 방식의 시간, 공간, 움직임을 표현한 것이다. 인터넷이 그 좋은 본보기이다. 인터넷에서 내가 찾아가는 경로, 내가 접속하는 링크(link), 이전으로 이후로 이동하는 움직임, 즐겨찾기, 새로 고치기 등을 통해 시공간의 즉각적인 넘나듦을 경험하는 것이다.

인터넷 사이트를 여기저기 방문하는 것은, 연속해서 일어나는 일련의 행위가 아니라 정해진 순서가 없는 무작위적 항해의 경험이다. 논리적 구조의 직선적 특성은 인터넷 세계에서는 여지없이 하이퍼링크(hyperlink, 데이터파일을 서로 연결시키는 기술을 의미하는 컴퓨터 용어, 역자 주)에 의해 파괴된다. 순차적으로 이어지는 직선적 시간 개념은 웹(web)의 세상에서는 잠들지 않는 24/7(24시간, 7일을 가리키며, 항상 내내라는 의미, 역자 주)의 특성에 의해 여지없이 깨지고 만다. 우리는 웹에서 이미 내일을 사는 사람들의 삶을 매일 만나 볼 수 있다. 우리가 잠들어 있는 동안, 사람들은 우리의 사이트를 방문한다. 인터넷은 시공간을 넘나드는 새로운 방식으로 항해하는 멋진 경험을 가능하게 한다.

시티사이드(Cityside) 침례교는 수요일 저녁 예배를 인터넷을 통해 드린다. 이 교회는 여행 가이드처럼 방문객들에게 교회의 예배를 경험하도록 안내한다. 생음악으로 들을 수 있는 찬양, 계속 바뀌는 이미지들, 고백의 공간들, 찬양과 중보기도의 공간이 등장한다. 방문객들은 자신들에게 맞는 속도로 여기저기를 이동한다. 모두 방문한 후에는 각자 필요에 따라 다른 반응을 보인다. 어떤 이는 기도의 시간을 갖고, 어떤 이는 고백의 장소를 찾는다. 생음악으로 연주되는 찬양과 시각적 이미지들이 거룩한 감정을 느끼도록

이 책을 읽어 보세요
Michael Frost and Alan Hirsh, *The Shape of Things to Come: Innovation and Mission for the 21st Century Church*. Peabody, MA: Hendrickson, 2003.

한다. 예배는 공동의 행위와 개인적인 성찰을 동반하는 15분 정도의 예식 기도로 마무리된다.

교회는 영적인 이미지들, 상징들, 음악과 자원들을 제공하는 공급자가 된다. 교회의 위치는 고정적인 것이지만, 정보에 접근하고 경험을 체험하며 성찰함에 있어서 당대의 문화적 방식과 긴밀히 협조하고 있는 셈이다. 교회는 기독교 전통의 풍부한 자원을 동원하여 사람들이 자신들의 방식으로 항해할 수 있도록 도와주어야 한다.

알란 허쉬(Alan Hirsh)와 마이크 프로스트(Mike Frost)는 "근접 공간(proximity spaces)"라는 용어를 개발했다. 그곳은 그리스도인들이 교회 밖에서 영적인 여행자들과 만나 관계를 발전시킬 수 있는 곳들이다. 사람들을 만나기 위해 자유로운 형식의 예배를 통해 사람들을 만나지만, 교회로서는 그것이 일종의 논리적 접근을 시도하는 것이다. 여행 가이드처럼 근접 공간에 그 자원을 제공하는 것이다.

우리가 그레이스웨이 교회에 만든 "성소(Holy Week space)"도 근접 공간 중 하나일 것이다. 이미지들, 각종 의식들, 읽을거리들이 방문객들이 자연스럽게 성경을 대할 수 있도록 한다. 이라크 전쟁에 대응하여 야외에서 드려진 우리의 평화예배도 근접 장소라고 할 수 있을 것이다. 우리는 우리 지역 중앙에 있는 공공장소에 모여 그룹 U2의 "온 세상에 평화를(Peace on Earth)" [3]을 들으며 성경을 읽기 위해 이틀 밤을 모였다. 한 손에는 촛불을 들고, 한 손에는 평화가 가정에서 출발한다는 상징으로서 올리브 가지를 들었다. 이 행사는 정치적인 선언을 위한 것은 아니었다. 다만 전쟁으로 인해 힘들어 하는 이들을 위해 기도하도록 사람들에게 근접 공간을 제공한 것이었다. [4] 지나가던 사람들도 멈추어 서서 촛불을 밝

---

3) "Peace on Earth", *All That You Can't Leave Behind*, U2, Polygram, 2000.

했다. 3개월이 지난 후 그 중 한 사람이 우리 예배 공동체에 발걸음을 했다.

이러한 일이 가능했던 이유는 신학적으로 그 정당성이 확인될 수 있기 때문이었다. 교회는 보이지 않는 성령의 바람의 감동에 동참하는 참여적 공동체이다. 이 말은 하나님을 향하려는 내적인 영성을 사람들마다 가지고 있다는 점을 인정한다는 것이다.

공동체와 함께 드리는 예배에서 어떤 일이 일어나고 있는지 잘 보여주는 사례들이었다. 그러나 함께 모여 예배한 사람들이 자신들의 일상으로 돌아갔을 때는 어떤 일이 일어나고 있는가?

항해 가능한 공간의 경험들

우리는 경험의 경제 시대에 살고 있다. 비즈니스 컨설턴트(business consultant)인 조셉 파인 2세(B. Joseph Pine II)와 제임스 길모어(James H. Gilmore)에 따르면, 지금은 생산 중심의 경제에서 소비 중심의 경제로 변화하는 때이다.[5] 이제 상품이나 서비스만이 아니고 그 상품과 서비스를 체험하는 것에 경제의 초점이 모아지고 있다.

예를 들어, 예술품을 감상하기 위해 갤러리(gallery)를 방문할 때, 당신의 방문은 거의 대부분이 다른 이들의 손길이 닿지 않고는 이루어지지 않는다. 그 갤러리는 단지 예술 작품만 신경 쓰는 것이 아니고 벽의 색감이며 방의 조명, 작품의 위치, 혹은 당신의 손에 들려줄 안내 책자에도 세심한 배려를 한다. 이러한 모든 노력은 당신의 예술적 경험을 더욱 풍성하게 하기 위해서 주의 깊게 고려되었을 것이다.

그래서 기억에 남을 만한 경험을 할 수 있도록 가능한 방법들을

---

4) 예배 전체의 내용을 보기 원한다면 다음 사이트를 방문하라.
www.graceway.org.nz/outdoorpeaceservice.htm
5) B. Joseph Pine II and James H. Gilmore, *The Experience Economy*.

고안할 필요가 있다. 개인의 선택을 혼자 하는 것이 아니라 서로 영향을 주는 이 시대의 상호작용적(interactive) 문화에 있어서는 교회가 여행 가이드로서 그런 선택이 가능하도록 환경을 만들어 줄 수 있어야 한다. 이런 문화에서는 상호연결을 고취시키는 다감각(multisensory) 환경이 결정적인 요소인데, 그 이유는 그런 문화가 여행자들의 참여를 독려하여 필요한 방법과 지식을 얻을 수 있도록 하기 때문이다.

체험은 네 가지 모습으로 파악된다. 체험은 즐거움을 주고, 교육적이며, 일상을 벗어나게 하며, 미적인 즐거움을 제공한다. 파인과 길모어는 이 요소들을 4분면으로 구분하여 왼쪽 위에서부터 재미(entertainment), 교육적 도전, 벗어남(escapist), 그리고 미학적 도전으로 구분하여 전체적으로 4가지를 순환하면서 경험될 수 있는 도표를 그렸다. "만약 네 가지 영역을 한 곳에서 경험할 수 있다면, 평범한 공간이라도 체험을 원하는 이들에게는 그곳이 특별한 장소가 된다." [6] 맞다. 여행자들은 도피를 원할 수 있다. 그리고 즐거움을 원할 수도 있다. 그러나 사람들의 목표는 의미 있는 장소로 이동하는 것이고, 네 가지 영역을 모두 체험하기를 갈망한다.

이러한 일은 수동적인 사람들을 적극적인 참여자들로 변화시키는 일이다. 우리는 경험적 여행자들을 실험적인 "구도자들(seekers)"로, 또 실존적인 전향자로 변화시키는 항해 가능한 공간을 제공해야 한다.

여행자들에게 깊은 인상을 남기려면 '항해 가능한 공간'을 위한 사전 준비가 반드시 필요하다. 파인과 길모어는 "경험이란 지울 수 없는 깊은 인상을 받았을 때 의미가 생긴다. 깊은 인상이란 경험을 '테이크아웃(takeout)' 하는 것이다." [7] 여기서 가장 중요한 단어는 "테이크아웃"이다. 교회를 방문한 사람들이 예배를 드린 후 그 예

---

6) Pine and Gilmore, *The Experience Economy*, p. 42.
7) Pine and Gilmore, *The Experience Economy*, p. 52.

배의 인상을 교회 밖으로 가지고 나갈 수 있도록 할 방법이 있겠는가? 그렇게 해서 매일, 매주 그들이 체험한 하나님과의 만남이 지속될 수 있도록 하려면 어떻게 도와야 하겠는가?

나는 그레이스웨이 교회에서 성 금요일 예배를 위해 특별한 순서를 마련했다. 방 한가운데에 흰색 모조지를 한 장 두었다. 예배는 부활절과 관련된 성경 내용을 읽는 (교육적) 활동을 중심으로 이루어졌다. 그 긴 내용을 읽는 동안 사람들은 언제고 그 내용에 반응하여 자신이 느낀 것과 들은 것에 대해 표현할 수 있었다. 사람들은 비닐로 만든 장갑을 끼고 색을 칠할 수 있는 두꺼운 크레용을 받았으며 그것으로 하얀 모조지 위를 칠하도록 하였다. 우리는 모두 주님의 고난과 사랑을 표현하는 시각적 이미지를 그것과 대비되는 흰 종이 위에 그렸던 것이다. 우리의 부활절을 위해 만든 것이었다.

각자 작업이 끝난 후, 예배 인도자는 비닐장갑을 벗겼다. 크레용이 묻어 있는 장갑을 인도자들은 각자의 손바닥 위에 놓으면서 "가세요. 당신은 더 이상 죄인이 아닙니다."라고 말해 주었다. 장갑은 더러웠지만, 사람들의 손바닥은 깨끗했다. 정결케 되는 이 경험을 통해 얻은 인상은 성 금요일을 관통했고 사람들은 그것을 집으로 가지고 갔다.

한 여성이 부활절 주간 내내 얼마나 자기의 손을 씻어내려고 애를 썼는지 나중에 말해 주었다. 매번 씻을 때마다 그 날의 기억이 떠올랐으며, 부활절 이야기가 그녀의 가슴 속에 살아 움직였다고 했다. 나는 그녀의 경우를 체험과 인상에 관한 사례로써 자주 이야기한다. 어떻게 경험을 집으로 가지고 갈 수 있는지, 예배 자체를 넘어 영적인 관심을 어떻게 충족시키는지에 대해서 말할 때 좋은 예화가 된다.

흰 모조지와 그림 그리기는 미학적인 통찰력을 주었다. 장갑을 벗겨내는 것은 더러워진 자신에 대한 느낌에서 벗어날 기회를 제공

사이버공간의 파도를 타고 찾아가 보세요.
Paul Fromont, *The "Kama Sutra" of an Emerging Church: Positioning Ourselves to Engage the Senses.*
www.the-next-wave.org/stories/storyReader$145

동화(Absorption)	
즐거움	**교육적**
수동적 참여자 **미학적 감상**	적극적 참여자 **벗어남**
몰입(immersion)	

했다. 나는 주위를 산만하게 할 수 있는 재미를 허용하지는 않았지만, 성경을 사용하여 사람들을 성경의 이야기에 끌어 들였고 그래서 그들에게 역사적으로 부활절에 무슨 일이 있었는지 그래서 그 사건이 오늘날 우리에게 자유를 주었다는 것을 교육했다.

이것은 선교적인 도전이 된다. 우리의 예배가 어떻게 깊은 인상을 남길 수 있을 것인가? 어떻게 하면 주일만이 아니고 일주일 내내 그 감격을 누리도록 할 수 있을 것인가? 우리가 제공하고 있는 영적인 테이크아웃(takeout)은 무엇인가? 그래서 도피하고 싶어 하는 우리의 친구들과 이웃들이 어떻게 하면 복음을 알고 그저 재미만을 느끼려는 사람들이 복음에 흥분하도록 만들 수 있을 것인가? 이러한 통찰력들이 우리의 예배를 어떻게 바꾸어 놓을까?

'항해 가능한 공간' 과 예배

나는 영적인 여행자들이 어떻게 그 영성을 풍성하게 가꾸어 나갈 수 있을지에 대한 문제를 늘 고민했다. 지금까지의 결론은 그런 영적인 발전을 가져올 수 있도록 도울 만한 항해 가능한 공간들을 제공하는 것이 중요하다는 점이다. 그 공간을 만들어 내는 여행 가이드로서의 제자도가 우리에게 필요하다.

신흥교회(the emerging church)의 예배적 특성은 '항해 가능한 공간' 을 위한 배려가 반영되어 있다는 것이다. 그 예배는 예배 인도자 한 사람에 의해서 만들어지는 것이 아니고, 여러 순서들(segments)의 조합―예배에로의 부름, 찬양, 고백, 경배, 메시지, 친교, 중보기도, 축도[9]로 이루어진다. 서로 다른 소그룹 구성원들이 각각의 순서를 자신들이 원하는 방식으로 자유롭게 만들어 간다. 이러

---

8) www.dictionary.com
9) 이것은 뉴질랜드 오클랜드에 있는 시티사이드 침례교가 사용한 예배 순서를 따른 것
   이다. www.cityside.org.nz

한 작업은 다른 어떤 이도 대신해 줄 수 없는 그들만의 독자적인 활동이다. 각 각의 리더는 자기가 담당한 예배 순서를 위해, 자료를 찾고 항해를 하고 다듬어 내는 창조적인 자유를 가진다.

각 순서의 리더들은 예배를 준비하면서 예배 전체를 조망하는 기회를 얻게 되고, 그 기회를 통해 영적인 틀을 형성하는 풍부한 도구들을 준비할 수 있게 된다. 우리는 새로운 문화적 상황 속에 살고 있다. 이 상황 속에서는 예배 순서 중 고백의 시간과 공동체의 친교 시간이 새로운 의미를 부여받고, 찬양 시간은 삶의 혼란스러움을 기쁨으로 변화시키는 역할을 할 것이다. 각 부분의 리더가 가지고 있는 삶에 대한 질문은 예배 전체의 구조를 완성하는 전체의 한 조각에 해당한다. 그렇게 각자의 삶의 질문이 반영되어 전체의 그림을 맞춰 나가는 방식이라면, 그 예배는 신앙과 삶에 대한 더욱 깊은 성찰을 향한 초청이 될 것이다.

그래서 각 순서 리더들은 항해 가능한 공간을 통해 그들의 신앙과 영성을 점검할 수 있다. 그들은 영적인 여정 가운데 있는 여행자로서 자신들의 경험을 성찰하게 된다. 여행자들은 이제 여행 가이드로서 그 위치가 변한다. 여행자에서 각 순서의 리더로 변화된 이가 또 다른 방문자들에게 영적인 자원을 공급하게 되면, 그것은 소비자였던 이가 공동체의 일원으로 변화되었다는 것을 의미한다. 기독교 신앙은 눈에 보이도록 구체화되며, 한 여행자가 또 다른 여행자와 삶에 대한 나눔을 갖게 되는 것이다. 우리는 그러한 변화를 일으켜야 하는 새로운 임무에 직면해 있다. 그리스도의 몸, 즉 교회가 살아 생동하는 가운데 그리스도의 생명이 여전히 유효한 것임을 세상에 알려야 한다.

모이는 예배에서 영적인 여행으로

월터 브루그만(Walter Brueggemann)은 포스트모던 시대에 교

이 책을 읽어 보세요
Walter Brueggemann,
*Texts under Negotiation:
The Bible and Postmodern
Imagination, Minneapolis:*
Fortress Press, 1993, 20.

회의 선교적 사명을 새로운 세상이 꿈꿀 수 있는 것들에 대한 단초를 제공하거나, 그렇게 할 수 있도록 자원을 지원(funding)하는 것이라고 한다. 최근 새롭게 부상하고 있는 교회는 스스로를 자원을 지원하는 여행 동반자로 인식하는 것이 필요하다. 포스트모던 시대의 사람들이 하나님께 자신들 나름의 방식으로 다가갈 수 있도록 깊고 넓은 (항해 가능한) 통로를 제공하는 것이다.

영적인 자원들을 제공하며 여행을 안내하는 것은 신흥교회의 중요한 선교적 임무이다. 실제로 이러한 임무에 대한 응답으로 새로운 예배가 많이 시도되고 있다. 교회가 어떻게 하면 이 시대에도 선교적 공동체가 될 수 있을 것인가를 고민하면서, 단지 모이는 예배에 만족하지 않는다. 교회에 더 이상 아무런 관심도 기대도 하지 않는 이들에게, 교회의 영적인 자원들을 제공하여 그들의 갈증을 풀어주려고 노력해야 한다. 이와 관련하여 몇 가지 실제적인 예를 들어보자.

기념품(souvenirs) 전략. 대부분의 여행자들은 여행을 마치면 기념품을 가지고 돌아간다. 내가 기념품이라고 부르는 것은 관광 공예품 종류를 말하는 것이 아니다. 사진, 개인 추억거리, 쇼핑 가방 등과 함께 우리가 보통 호텔 같은 곳에서 쉽게 가지고 갈 수 있는 비누, 샴푸, 바느질 세트 등을 의미한다. 그런 것들이 모두 기념물이다. 여행을 마치고 집으로 돌아왔을 때, 그런 테이크아웃(takeout) 기념품들을 만지면서 다시 여행의 기억들을 떠올리게 된다. 신흥교회는 바로 이러한 여행자의 욕구에 착안한다. 우리와 함께 예배를 드린 이들에게 어떤 종류의 기념품을 손에 들려주어 돌려보낼 수 있을까?

지난 몇년 동안 그레이스웨이 교회나 시티사이드 교회와 같은 신흥교회들은 대강절에서 성탄절에 이르는 절기를 몸소 체험할 수 있도록 예술품을 주로 사용했다. 매 주일마다 서로 다른 예술 작품이 묵상 자료로 소개되었다. 거기서 제공된 예술 작품의 일부분들이 엽서에 그려졌고 사람들은 그것을 받아 집으로 가지고 갔다. 예배에 출석한 이들에게 그것은 대강절과 성탄을 기념하는 개인적이고도 훌륭한 기념품이 되었다. 그들은 그 기념품을 보며 주일 예배에서 자신들이 묵상한 것을 다시 돌아보는 기회를 가졌을 것이다. 그것은 영적인 이동 경로가 되었고, 사람들은 그것을 자신의 현관 문 앞에 걸어 놓기도 했다.

여기서 그 기념품들은 선교사의 역할을 한 것이다. 먼 곳에 있는 신도들에게는 네 장의 엽서를 보내 주었다. 교회는 여행 가이드로서 교회에 모인 이들에게나 흩어져 있는 이들에게나 똑같은 영성을 제공하고 있다. 이 일에 대해 많은 이들이 교회로 감사의 인사와 편지를 보내왔다.

교회가 사람들에게 기념품을 주어 돌려보내기 시작하면서, 그들은 꼭 교회의 문을 넘지 않아도 영적인 자원에 접근할 수 있었다. 소위 신학적 질문은 그다지 큰 문제가 되지 않았다. 교회는 사람들이 영적인 여정을 하는 동안 서로 다른 장소에 있다는 사실을 인정하기 시작했다. 교회는 "고속도로나 샛길"로 드나드는 사람들을 모두 충분히 사랑하게 되고, 사람들의 삶 속에서 일하시는 성령의 바람을 신뢰하기 시작한 것이다.

찾아감의 영성(spirituality2go). 이번 주에 나는 선물을 하나 받았다. 그것은 손으로 만든 한 권의 공책이었다. 공책의 첫 장에는 이콘(icon)과 14라는 번호와 손으로 쓰인 제목이 다음과 같이 적혀 있었다. "순례자 잡지(Pilgrim Journal)." 안쪽 겉표지는 이렇게 설명을 달고 있었다. "이 잡지는 사람들의 여행 경험을 통해 얻은 내용을 적어 함께 만들어 가는 잡지로서, 각자가 재정을 지원하여 운영합니다. 목표는 생명, 하나님, 믿음과의 관계 속에서 각 사람의 창조성을 공유하며 상호작용을 장려하는 것입니다."

첫쪽에는 이미지와 글을 함께 구성해서 만든 여러 가지 격려의 문구가 있었다. 비어 있는 공간은 5일 동안에 내 영성의 경험을 적

을 수 있도록 한 초청장과 같은 것이었다. 나의 생각들, 그림, 사진, 나만의 비법, 묵상 등과 같은 것을 적도록 되어 있었다. 또한 내 작업이 끝나면 그 공책을 다른 친구에게 전하려고 쓰여 있었다. 나는 그렇게 했다.

이는 교회에 속해 있거나 교회의 주변에 있는 이들에게 다만 물질적인 기념품 이상의 의미를 줄 수 있을 것이다. 이것이 바로 "찾아감의 영성(spirituality2go)"으로, 구도자들에게 영적인 실마리를 제공하는 선교적인 행위이다. 동시에 그러한 전략은 데이비드 헤이(David Hay)가 언급한 "기독교 고유의 이야기(narrative) 조각들을 자주 사용하면서 기존의 것을 성찰하고 자신들의 신학을 스스로 구성하려는" 이들에게도 매우 효과적인 선교 전략이 된다. 이런 전략은 우리의 빵을 물 위로 기꺼이 던지는 것이고, 자기의 인생 경험을 매 순간마다(24/7) 온라인을 통해 나누며 이야기할 수 있는 오늘의 세대를 섬기는 것이다. 여행 가이드로서 교회는 그 가이드라는 의미를 바로 찾아감의 영성을 생산하는 것으로 이해해야만 한다. 사람들이 마치 CD나 DVD를 통해 자기가 좋아하는 음악이나 영화를 보듯이 쉬운 방식으로 그리고 직접적으로 우리의 영성을 경험할 수 있어야 한다.

우리 교회는 교회와 지역 공동체들의 관계를 가장 중요하게 생각했다. 우리는 지역의 예술가들과 함께 전시회를 여러 번 열었고, 크리스마스의 의미에 대해 대화하는 시간도 가졌다. 매우 유익한 시간들이었다. 젊은 엄마들 중 만나 대화하거나 서로를 도울 수 있는 이들을 따로 모아 작은 소그룹을 만들기도 했다. 우리는 그런 방식으로 여러 네트워크(network)를 세워 나갔다.

우리는 지역의 사람들을 만나 함께 예배를 드리면 어떻겠느냐고 권하면서 우리 공동체로 초청했다. 우리는 그러한 관계성을 형성해 나가면서 사람들이 자연스럽게 교회로 발걸음 할 수 있기를 바랐다. 그것은 복음전도의 매우 일반적인 방법이었다.

그런데 우리가 그런 프로그램들을 한 발자국 뒤로 물러나 생각해 보니 새롭고도 중요한 것을 발견할 수 있었다. 우리 공동체가하는 모든 행사들은 매우 노골적으로 교회의 예배에만 집중되어 있었던 것이다. "우리 공동체의 프로그램에 한번 와 보십시오. 여기 당신이 반드시 참석해야 할 '어머니의 날' 예배가 있습니다." 이 안내 문구가 영적인 여행자들에게 의미하는 바는, 그레이스웨이 교회에 접근할 수 있는 유일한 길은 주일 아침 한 시간뿐이라는 것이었다.

여행자의 입장에서 접근하려고 하면서도, 우리는 우리의 가게를 들러야만 그들이 원하는 것을 얻을 수 있다고 선전한 것이다. 그러나 그들은 운이 좋아야 했다. 왜냐하면 우리 가게는 일주일에 오로지 한 시간만 문을 열기 때문이다.

이러한 문제를 해결하기 위해 우리는 그림 카드를 디자인하여 성경 말씀과 영적인 인용문, 또 영적인 수련을 위한 지침 등을 넣었다. 우리는 그 카드의 디자인을 고안하면서, 그 카드를 받을 사람이 실험적인 사람이든 실존적인 사람이든 상관없이 영적인 구도에 나선 이들이라면 누구나에게 호소력을 가질 수 있도록 만들기 위해 노력했다. 그 카드들은 우리 교회의 웹사이트(website)에 올려놓았다. 거기에서는 카드에 적힌 성경 구절의 의미를 상세히 설명하는 주석과 함께 더 풍부한 영적 자원과 실천 방법들을 얻을 수 있다. 또한 그 카드들을 시내에 있는 카페에 비치했다. 우리는 주일 예배에서 사용한 모든 자료들을 모아 사람들이 언제나 접할 수 있도록 엽서로, 인터넷으로 제공하였다. 마치 여행자들에게 요긴하게 쓰이는 손바닥만 한 가이드 책자처럼 말이다.

그 결과 우리는 선교의 지경을 새롭게 넓힐 수 있었다. 라디오 프로그램에서 우리에게 인터뷰를 요청하기도 했다. 그때 티베트(Tibet)의 불교 수도원에서 온 사람과 대화를 나눌 수 있었다. 또 다른 도시에서 카드를 요청하는 사람들이 많은 전화를 해왔다. 이

근대 후기에 와서 교회가 저지른 가장 큰 실수는 기독교에 귀의하는 이들에게 "기독교 세상(Christian World)"의 지도(map)를 일방적으로 주려 했던 것이다. 그리스도인으로서 어떻게 이 세상에서 살아남고 어떻게 즐길 수 있을지에 대한 지침 말이다. 하지만 신앙이 드러나야 할 곳은 교회가 아니라 세상 가운데에서이다. 기독교를 상징하는 은유로 내가 성지(Holy Land)보다는 출애굽(Exile)이 더 적합한 것이라 믿는 이유이다. 우리는 문화의 모든 지점마다 재류외인(resident aliens)으로 세상 가운데 보내진 이들이다. 우리가 제공하는 어떤 영성이든 그것은 찾아감의 영성이 되어야 한다. 짐은 가볍고, 쉽게 옮길 수 있어야 하며, 쉽게 조합될 수 있어야 한다. 어디서든 그러한 영성의 실천이 우리에게 가능할 수 있어야 한다. 수년 동안 자신의 신념을 지켜 온 교회는 최근에는 다시 이 시대를 경험하며 새로운 신념을 세워 나가고 있다. 교회는 교회의 축적된 자원을 다룸에 있어 광범위한 실패를 겪어 왔고 또한 지금도 겪고 있다.
– 제라드 켈리(Gerard Kelly)

렇게 '영적인 여행자'라는 은유는 풍부한 선교적 자원을 창조적으로 생산해 내도록 자극한다.

영적 여행의 가이드로서의 교회라는 은유는 영적인 순례자들에게 온갖 자원을 제공하는 선교적 임무를 감당하도록 요청한다. 교회는 그렇게 함으로써 그 순례자들의 항해 가능한 공간이 더욱 풍부해지도록 돕는다. 단지 우리에게 오라고만 할 것이 아니라, 이제 교회는 보다 더 넓은 세계를 향해 나아가는 성령님의 동반자가 되어야할 때이다.

사이버수도사(cybermonks). 인터넷을 잘 살펴보면 그 작동 방식이 마치 여행과 같다. 사이버여행자들은 여행 경비가 많고 적음을 떠나 누구나 공평하게 같은 수준에서 그 넓은 공간을 항해하고 자신의 정체성을 확인한다. 사이버 공간을 여행하는 것은 마치 순례 여행과 같은 형식도 띠는데, 영적인 자원의 소통과 대화의 세상에 들어가기 위해 집을 떠나는 의식(인터넷 통신 접속 행위)이나 집에 돌아오기 위해 로그오프(log off)를 하는 의식 등이 그러하다.

우리가 살아가나는 세상 한가운데에서 소위 신흥교회는 영적인 가이드 노릇을 할 사이버수도사들이 필요하다. 그들은 자신들만의 이미지, 이야기, 경험 등을 가지고 자신의 블로그(blog)를 만든다. 그들은 온라인으로 영적인 자원들을 공급하기 알맞은 디자인으로 사이트를 꾸민다. 이러한 방식은 근대적인 방식, 즉 "우리에게 오면 위대한 예배에 동참할 수 있습니다."라는 초청방식이 아니다. 이는 포스트모던적인 방식, 즉 "여기 여러분을 위한 우리의 영적인 자원들이 준비되어 있습니다. 자유롭게 경험해 보시고 구입하세요."라고 말하는 것이다. 이 사이버수도사들은 새로운 소명에 응답하고 있다.

사 이 몬 젠 킨 스(Simon Jenkins)와 브 루 스 스 탠 리(Bruce Stanley)는 *www.rejesus.co.uk*[10]을 운영하고 있는 사이버수도사들이다. 이제 2년이 되었는데, 이 사이트는 예수님과 그의 삶에 대한 정보를 제공하고, 복음서를 읽을 수 있으며, 믿는 이들의 생생한 삶의 이야기, 시, 사진 등을 통한 현대적인 신앙의 표현들을 맛볼 수 있도록 지원한다. 온라인으로 기도할 수 있는 공간도 있고, 켈트식(Celtic) 영성을 만나볼 수 있으며, 기도 행위를 의미하는 전자 촛불도 켤 수 있도록 되어 있다. 또 거기에는 명상 음악을 들으며 상징적인 행위를 하거나 특별한 의식에 참여하며 길을 찾아가도록 되어 있는 온라인 미로까지 마련되어 있다. 이 사이트는 커뮤니티(community) 게시판과 온라인 퀴즈, 묻고 답하기 등의 기능을 통해 상호작용이 가능하도록 한다. 이 사이트의 목적은 영적인 여행자들—이들은 기독교에 대한 사전 지식이 없는 이들인데—에게 접근하는 것이며 그들의 다음 발걸음을 도와주는 것이다.

영적 여행: 팔려 나갈 것인가? 팔아치울 것인가?

여행과 소비주의(consumerism)적 용어를 함께 사용하면 당신은 신학적으로 불편하게 반응할지도 모른다. 여행자들에게 영적인 상품을 팔아야 한다는 선교 전략에 대해 부정적으로 반응하겠지만, 오늘의 교회는 충분히 소비적인 모습을 하고 있다. 우리의 영적인 상품이 다만 소비적인 것으로 전락하지 않도록 하기 위해서는 나는 두 가지 실제적인 견해를 밝히고 싶다. 이 두 가지 견해의 신학적 근거는 같은 것이다.

우선, 우리는 여행자들에게 편견 없이 대해야 한다. 여행하는 이들은 서로 다른 곳에서 오는 이들이며, 또한 서로 다른 목적으로 여행을 하고 있다. 물론, 어떤 이들은 오로지 물건을 사 모으며 소비적인 행태를 보이기도 한다. 하지만 모두 그런 것은 아니다. 그리고 어떤 이가 이전에는 소비적이었다고 해도 항상 그런 것은 또 아

건강한 소비의 영성을 위안 11가지 계명

상품의 로고(logo)에 (현혹되어, 역자 삽입) 소비하지 말라.
광고를 소비하지 말라.
고기를 (과도하게) 소비하지 말라.
공정한 거래를 통해 소비하라.
당신 자신의 쇼핑백을 사용하여 소비하라.
재생 가능한 포장으로 소비하라.
중고품 옷을 소비하라.
세일 기간에 소비하라.
해적판 소프트웨어를 소비하지 말라.
프레온 가스(CFCs)가 방출되는 상품을 소비하지 말라.
예수님의 몸(body, 교회를 의미, 역자 주)을 소비하라.

---

10) 브루스는 다음의 사이트에서 더 많은 실험을 하고 있는데, 상호작용적인 영적 실험을 온라인을 통해 제공하고 있다. www.embody.co.uk

닐 것이다. 이미 제안했듯이 여행자에게 제대로 된 여행 지식을 전달하지 못하는 가이드는 좋은 가이드가 아니다. 이는 교회의 영적인 상품이 그저 소비적인 것이 아니라 교육적이어야 한다는 것이다. 우리가 제공할 '항해 가능한 공간'이 전 우주를 위해 죽으신 그리스도 그분을 영화롭게 할 만큼 깊은 것이어야 함을 의미하는 것이다. 조작적인 감미료와 달콤한 초콜릿처럼 완벽하게 제공되는 기존의 기독교보다, 지금껏 이야기한 '찾아감의 영성'이 더 깊은 영성-십자가를 지고 따르는-이라고 말하는 것이 과언이 아니다.

두 번째로, 사람들을 (우리 자신을 포함해서) 신뢰하자! 두 번째 엽서에서 나는 프랑스 예수회 수사인 미셸 드 세르토(Michel de Certeau)의 작업을 소개했다. 그의 연구는 어떻게 하면 우리 모두가 새로운 것을 "창작할" 수 있을지 보여주었다. 우리에게 주어진 정보를 가지고 우리는 때로 문화를 파괴하거나 때로는 문화와 정보를 썩어 놓으며 DJ의 역할을 한다. 이것이 바로 소비의 힘이다.

설교자는 설교할 때 창밖을 바라보며 그 말씀이 설교자 자신의 삶 가운데, 즉 소비의 현장에서 어떻게 적용될 수 있을지 생각한다. 소비주의는 우리가 살고, 움직이고, 우리의 존재를 유지하는 방식일 뿐이다. 그것이 우리에게 영혼의 손상을 가져온다고 생각할 필요는 없다. 사람들은 스스로 적응하며 환경에 맞도록 새롭게 창조하는 존재이다.

이제는 신학적 관점에 대해 이야기하자. 모든 사람에게 영성이 있다는 입장을 지지한다면, 영적인 여행은 다만 소비 행위가 아니다. 우리는 하나님 품 안의 본향을 찾기 전까지는 불완전해 보이는 이들과 함께 살아갈 수밖에 없다. 따라서 여행 가이드로서의 교회란 우리를 깨우시고 흔드시는 성령님과 동행하는 창조적 공동체를 의미이다. 더 간단히 말하면 예수님께서 하신 일에 동참하는 것이다. 그분은 문화를 너무도 사랑하셔서 유대인의 심장박동과 피를 가지셨고, 유대인의 방식으로 하나님을 사랑하셨으며, 그의 발은 온 땅을 다니시며 유대인의 문화를 따라 사셨다. 예수님이 한 지역의 문화적 양식 속에서 하나님을 아셨고 그 문화 속에 사시며 그 지역의 사람이 되셨다는 것은, 곧 하나님께서도 마찬가지로 어떤 지역이든 거기에 거하실 수 있으시며 다른 문화들 속에서 우리와 만나주실 수 있다는 사실을 의미한다. 우리가 주님의 소명을 우리의 것으로 고백하는 것은, 어떻게 하면 예수의 심장이 포스트모던 시대의 피를 머금고 힘차게 박동할 수 있을지를 묻는 것이다. 어떻게 사람들이 포스트모던 방식으로 여전히 예수님을 따르고 사랑할 수 있을지 묻는 것이다. 진정성 있는 신앙과 여행 가이드로서의 통전성(integrity)을 지닌 교회가 그들에게 재미와 기쁨을 줄 뿐만 아니라 미학적이며 교육적인 유익을 경험하도록 도와야 한다. 그러면 그들은 실험적이거나 경험적인 여행자의 입장에서 예수 그리스도의 제자로 그 삶을 따르는 실존적인 구도자로 변화될 수 있을 것이다.

더 참고하면 좋은 책들

Bruce Demarest, Soulguide: *Following Jesus as Spiritual Director,* Colorado Springs, Colo.: NavPress, 2003.

Michael Grimshaw, "Tourist, Traveler, or Exile: Redefining the Theological Endeavour." *Journal of Religion* 81, 2, (April 2001) pp. 249–270.

B. Joseph Pine II and James H. Gilmore. *The Experience Economy: Work in Theatre and Every Business a Stage.* Boston: Harvard Business School Press, 1999.

참고할 만한 웹사이트

www.damah.com
www.yfc.co.uk/labyrinth/online.html
Thomas M. Beaudoin. "After Purity: Contesting Theocapitalism." Located at www.ptsem.edu/iym/downloads/lectures_01/AFTERPUR.PDF

This Space for Correspondence

안녕하세요? 또 다시 인사드립니다. 저는 지금 북아메리카에 있습니다.

여행을 하면 할수록 저의 흥미를 자극하는 신흥교회들을 많이 발견하게 됩니다. 빈야드 중앙교회(vineyard central)와 아홉 개의 빈야드 지교회는 새로운 지교회를 세울 때 중앙에서 공동체를 보내 지원합니다. (사실 저는 개인적으로 그 사실을 확인할 기회를 얻지 못했고, www.vbcc.net와 www.vineyardcentral.com에서 간접적으로 들은 것입니다.)

이 공동체들은 눈에 보이는 건물도 없고, 전임 사역자도 없으며, 심지어는 주일 예배조차 없는 특이한 형태를 유지하고 있습니다. 하지만 공동체가 분명 존재합니다. 어떤 이들은 함께 모여 살고, 또 어떤 이들은 주 중에 다른 장소에서 서로 다른 시간에 모여 예배하거나 대화를 갖습니다. 별 다른 지원이 없으면서도 공동체는 성장하고 있습니다.

신흥교회(the emerging church)를 세우려는 공동체들에게 필요한 지원들은 어떤 것일까요?

2007. 07.
Post
Card
COMMEMORATIVE SERIES 1901.
UNITED STATES OF AMERICA
5
5
BRIDGE AT NIAGARA FALLS
POSTAGE FIVE CENTS
This Space for Address only

여섯 번째 엽서
포털 사이트에서 읽는 구원 이야기

공동체에서 구원을 경험했던 한 사람의 이야기로 시작해야겠다. "당신들이 서로 손을 잡고 있는 것을 보았습니다." 한 젊은 청년이 나에게 말했다. 그는 조금 당황스러운 눈빛으로 나를 바라보았다. 브라이언(Brian)은 어린 시절 카톨릭(Catholic) 신자였으나 어른이 되어서는 종교적인 삶으로부터 동떨어져 생활했다.

나는 공동체를 통해 구원을 경험할 수 있는 신흥교회를 세우기를 소망하고 있었다. 우리 공동체는 식사 시간에 만났다. 우리는 서로의 이야기를 나누기 위해 둥근 탁자에서 앉아 매주 모였다. 우리는 서로 자신들의 삶을 나눌 수 있고, 그렇게 함으로써 새로운 생명을 얻을 수 있는 장소를 창조적으로 만들어 나가기 원했다.

어느 주일 밤에, 그는 우리 공동체가 모여 있던 방의 유리문을 빠르게 지나 가다가 우리가 서로 손을 잡고 있는 것을 보았던 것이다. 우리가 손을 잡고 있던 것을 본 그는 공동체에 대한 그 무엇인가를 느꼈던 모양이었다. 그는 다음 주에 다시 우리를 찾아왔다. 그는 우리에게 "저도 이 공동체에 참여하고 싶습니다."라고 말했다. 브라이언은 공동체의 만남을 통해 무엇인가를 얻고자 했던 구도자(seeker)였다. 그는 하나님이 몸(여기서는 공동체, 역자 주)을 가지신 분이시며, 기독교 신앙이란 접촉의 운동(contact sport)임을 알게 되었다. 근대성(modernity)은 합리성(rationality)을 강조했다. 그것은 몸에서 정신(mind)을 분리하는 위험을 초래했고, 결과적으로 예수님의 한쪽 면을 보지 못하도록 만들었다. 베드로는 입으로 자신의 신앙을 고백하기 전에 오랫동안 공동체 속에서 예수님을 따르는 훈련을 받았다(마 4:18-20, 16:16).

구원(redemption)
(명사) 잃어버렸던 것을 대가를 지불하고 되찾음(purchase back).

구원으로 안내하는 실천들
안전한 공간, 환대(hospitality), 나눔의 삶, 이방인에게서 그리스도의 형상을 발견함, 다양성을 흔쾌히 용납함, 차이를 인정함.

이 CD를 들어 보세요
U2, "The First Time," *Zooropa*, Polygram International Music Publishing, 1993.

나는 구도자란 하나님을 찾는 익명의 사람들이라고 생각한다. 그런데 우리 시대의 문화 분석가들은 브라이언과 같은 구도자들이 공동체를 갈망하고 있다고 말한다. 내가 앞서 말했듯이, 더글러스 커플랜드(Douglas Coupland)의 기념비적 소설 〈X세대 *Generation X*〉는 "각자의 이야기를 나누며 사막으로 가는 동안 그 이야기를 서로에게 의미 있는 이야기로 만드는"[11] 세 명의 젊은이들을 추적한다. 그 사막은 피정(retreat)의 장소이다. 코플랜드의 이야기 속에 등장하는 사막은 우리네 물질적인 세상의 화려함과 미끈함으로부터 벗어난 장소라는 의미를 지닌다. 사막에는 의미에 대한 갈망과 추구(quest)가 있다.

사막이라고 하면 우리는 대체로 외로움이나 고립을 떠 올린다. 그런데 커플랜드에게는 멀리 떨어진 바로 그 사막이 인간의 삶을 나누기에 적합한 곳이다. 구원의 역사는 공동체에서 이루어진다. 저마다의 인생살이를 서로 나누는 가운데 의미 있는 이야기(tales)가 만들어진다. 피차 공유된 공동의 의미가 개인화된 물질주의를 대체한다. 세 명의 영적 여행자의 이야기는 오늘 이 사회에서 공동체가 구원으로 인도하는 통로임을 우리에게 알려준다.

〈X세대〉는 인간의 만남과 돌봄을 통해 무조건적인 용납과 관용이 베풀어지는 장면으로 끝을 맺는다. 그 책의 처음에 등장하는 앤디(Andy)는 사회로부터 도피했지만, 결국 치유적 사랑의 힘을 체험하면서 책의 마지막도 장식한다. 자신을 내어주는 사랑을 공동체에서 체험할 수 있었고, 인간의 도움의 손을 통해 얻을 수 있었다. 바로 구원은 접촉하며 일어나는 운동인 것이다.

브라이언에게는 공동체에 속하는 것이 믿음을 갖는 것보다 먼저였다. 브라이언은 교회에 출석하기 시작했고, 자기 자신의 신앙을 갖기 전에 동료들을 위해 식사를 준비하기도 했다. 주님의 제자 베

---

11) Douglas Coupland, *Generation X*, p. 8.

드로처럼, 브라이언은 주님에 대한 믿음이 확고해지기 전에 공동체에 참여하며 준비되었던 것이다.

리처드 플로리(Richard W. Flory)와 도널드 밀러(Donald E. Miller)는 그들의 책 〈X세대의 종교 *Gen X Religion*〉에서 캘리포니아 지역에 거주하는 X세대들의 종교적 행태를 조사했다. 그들은 브라이언의 경험이 특별한 경우가 아니라는 사실을 발견했다. X세대에게는 "개인적인 내러티브(narrative)가 공동체의 종교적인 내러티브와 접촉하게 될 때, 아주 효과적인 방식으로 공동체의 것이 자신의 것으로 받아들여질 때에만 유효한 의미를 갖게 된다."[12] 새롭게 부상하고 있는 이 세대는 무엇이든 직접 참여하여 느끼기를 원한다. 그들이 공동체에 동참하여 기여하고, 그래서 그들의 삶의 이야기를 나누게 될 때 그들은 공동체의 신앙을 자신의 것으로 받아들이게 된다.

브라이언이 신앙을 갖게 되었을 때, 그는 다른 방식으로 공동체에 참여하기 위한 날갯짓을 시작했다. 그는 우리의 식탁 만남 시간을 인도했다. 그는 생애 처음으로 간증을 했다. 그는 그의 동생인 안네 마리(Anne Marie)를 신앙으로 인도했다. 낯선 설교를 들으며 느끼게 되는 거리감은, 사랑의 만남과 이야기의 나눔을 통해 자신의 이야기가 새로운 의미를 갖게 되면서 사라지게 된다. 공동체는 여러 방법으로 실체화된다. 때로 거실에서 모이는 가정교회의 모습으로, 또 삶의 경험을 나누는 둥근 탁자의 모임으로, 그리고 성찬을 통하여 공동체는 구체적으로 드러난다. 형식에 집착해서 구원의 영성이 약화되도록 방치하지는 말라.

---

12) Richard W. Flory and Donald E. Miller, *Gen X Religion*, New York: Routedge, 2000, p. 238.

엠마오로 가는 길

이야기는 많은 의미를 내포한다. 엠마오 도상에 나타나신 예수님의 이야기를 생각해 보자.

남편과 아내는 집으로 가고 있었다.[13] 그들은 모든 것을 잃어버렸다. 그들의 꿈은 산산이 깨져버렸다. 예루살렘에서 걸어 나오는 발걸음은 마치 쪼개진 유리 위를 걷는 것 같았다. 그들의 친구가 죽었다. 너무도 처참하게 나무에 못이 박혀 죽었다.

그들은 힘없이 고개를 숙이고 눈은 충혈되어 함께 걷고 있던 이와 거의 부딪히게 생겼다. 길을 갈수록 함께 걷고 있던 동료와의 부대낌이 불편하게 느껴질 정도였다. 그 사람은 잘 모르는 사람이었고, 예루살렘에서 벌어진 일에 대해 잘 모르는 눈치였다. 가장 최근에 일어난 정치적인 소란, 그 고문과 살인을 말이다. 그들이 눈물을 머금고 가장 친한 친구의 죽음에 대해 이야기할 때, 그는 잘 들으려 하지 않았다. 그리고는 무엇인가 설교를 하는 듯이 성경 말씀 구절을 계속 말하였다. 그들의 축 쳐진 어깨 위로 그의 성경 이야기는 계속되었다.

하지만 그의 이야기는 그들 부부의 귀에 전혀 들어오지 않았다. 너무도 고통스러운 현실을 경험했기 때문이었다. 그들이 경험한 것과 그 이름 모를 동반자의 이야기 사이에 놓인 간격은 결국 내면적인 충돌을 일으켰고 그들의 마음(heart)을 불태웠다.[14] 피곤한 몸

---

13) Sharon H. Ringe, *Luke*. Louisville, Ky.: Westminster John Knox Press, 1995, p. 287. "누가복음에서 글로바(Cleopas)의 동행자가 누구인지 알 수 없다. 그 동행자에 대해 역사적으로 여성이라는 많은 주장이 있었다. 이 여행에 나타나는 두 사람은 초대 교회에서는 예컨대 브리스길라(Priscilla)와 아굴라(Aquila)와 같은 전도자 부부였을지도 모른다. 아마 그녀(글로바의 아내)는 요한이 알았던 또 다른 마리아(Mary)였을 수도 있다."

14) 존슨(Johnson)은 '마음이 불타는' 이란 표현이 다른 라틴어 번역본에서 '가려진(veiled)' 혹은 '볼 수 없는(blinded)'로 표현된 것을 주목한다. 그래서 요점은 들은 이야기와 설교로 인해 마음이 불탄 것이 아니라, 그들이 경험한 사실과 동행한 사람이 해 준 이야기를 통합하여 연결시키려 애쓰는 노력으로 마음이 불타는 것이다. Luke Timothy Johnson, The Gospel of Luke, Collegevill, Minn.: The Liturgical Press, 1991, p. 397.

으로 그들은 무거운 발걸음을 계속했고 결국 집에 다다랐다. 동네의 친구들이 위로하듯 감싸 안아주었고 동행한 이방인을 향해서는 의심의 눈초리를 보냈다.[15] 부부는 침묵이 흐르는 동네를 조용히 주시하였다.

하지만 십자가에서 죽은 그들의 친구는 늘 손님 접대하기를 힘쓰라고 했었다. 이방인은 환대받아야만 한다. 몸은 지치고 마음은 상심한 부부는 그 이방인에게 더 머물러 갈 것을 권유했다. 빵 한 덩어리와 포도주의 진한 향기가 방에 가득 찼다.

이방인은 자리를 하고 앉았다. 이 모든 장면이 어디선가 본 듯한 모습이다. 부부는 서로를 응시했다. 전혀 기대하지 못한 채 그 이방인이 빵을 드는 모습을 바라보았다. 분명히 그 모습은 어딘지 모르게 익숙한 모습이었다. 저희와 함께 음식을 먹을 때에 그는 떡을 가지고 축사하고 떼어 저희에게 주매 저희 눈이 밝아져 그를 알아보더니 그는 저희에게 보이지 아니했다.

예수님은 공동체의 교제 속에서 계시된다고 한다. 누가복음에서는 반복적으로 "친근한 교제와 사귐 가운데 예수님이 드러나시는 것"[16]으로 나타난다. 위대한 설교자이신 예수님은 구약성경의 말씀을 있는 그대로 설명하신다. 하지만 어느 순간 서로 돕고 환대하는 행위 속에서 하나님이 드러나신다. 그는 성경 본문에 대한 설명에 반드시 공동체를 더하여 말씀하신다. 또한 그분의 설교에는 반드시 빵의 떼어냄과 나눔이 포함된다. 공동체는 계시적 (revelatory)이다. 이 이야기 속에서 하나님은 부부의 친구들이 모두 모였을 때 구속하시는 분으로 임하신다.

---

15) 대체로 시골 사람들은 타지인에게 의심과 경계의 눈초리를 보내는 경향이 많았다. 왜냐하면 타지인들은 마을 공동체의 이익을 해치는 경우가 많았기 때문이다. Douglas E. Oakman, "The Countryside in Luke-Acts." in Jorome H. Neyrey, ed. *The Social World of Luke-Acts: Models for Interpretation.* Peabody, Mass.: Henrickson, 1991, p. 166.

16) Darrell L. Bock, *Luke.* Downers Grove, III.; Leicester, England: InterVarsity Press, 1994, p. 385.

Diego Velazquez, **Kitchen Maid**
with the Supper at Emmaus,
c. 1618. Oil on canvas. National
Gallery of Ireland, Dublin, Ireland.

Supper at Emmaus,
1620 Diego Velazquez

나는 엠마오로 가는 길의 이야기를 그린 그림을 보면 늘 흥분에 빠지고는 했다. 그 그림은 디에고 벨라스케스(Diego Rodrigues de Silva Velazquez)가 그린 〈무어인 하녀 *The Moorish Kitchen Maid*〉였다. 그림의 전면에는 부엌에서 저녁을 준비하고 있는 하녀가 보인다. 그림의 측면 배경에는 예수님과 두 제자가 그려져 있다. 그들은 공동체와 함께 탁자에 둘러 앉아 있다. 하녀의 머리는 살짝 탁자를 향해 돌려져 있어 탁자에 둘러앉은 그들을 주목하고 있음을 보여준다. 그 그림은 그리스도께서 공동체에 임재하실 때, 다른 사람들도 그 공동체에 함께 초청된다는 사실을 보여준다.

그 그림은 공동체에서 계시되는 그리스도가 이방인이나 숙박객이 함께 하고 싶도록 만드는 선교적인 흡인력이 있음을 보여준다. 상상력으로 그 가능성을 표현하고 있는 것이다. 구원으로 인도하는 공동체는 선교적인 공동체이다. 그 공동체는 주변의 소외된 사람을 끌어당기는 힘이 있다.

벨라스케스의 예술가적 비전은 공동체를 우리 시대의 우상으로 만들지 말라고 경고한다. 우리가 만약 공동체의 조직을 추구한다면, 그것을 찾을 수 없을 것이다. 하지만 사람을 추구한다면, 우리는 공동체를 찾을 수 있을 것이라고 말한다. 마치 웹사이트가 다른 사이트나 온라인 활동에 접속하기 위한 출발점이 되는 것처럼, 구원의 공동체의 출발점은 공동체가 아니다. 출발점은 당신을 어디론가 보내는 것이다. 하나님이 사랑하시는 세상 속에서 하나님의 몸을 드러내는 것이다.

이제 구원의 공동체를 심각하게 다루어야 할 시간이다. 하나님이 만약 세상에 계시다면, 그렇다면 하나님은 사람들의 삶 가운데 일하고 계시다. 안타까운 것은 때로 교회가 공동체를 통해 역사하시는 하나님을 발견하기에 가장 어려운 장소가 되고 있다는 사실이다. 교회는 훈련된 한 사람을 고용하여 이야기하게 하고, "공동체"의 나머지는 수동적으로 그 이야기를 듣는 위치에 놓아버린다.

사려 깊은 목회적 돌봄과 공동체를 성장시키는 기술이 제대로 발휘되지 않으면, 그 고용된 사람이 전달하는 이야기만 반복적으로 전달될 뿐 그와 다른 이야기와 생각들은 무시되거나 부차적인 것으로 치부될 것이다.

우리가 그레이스웨이 교회를 세울 때, 우리는 스스로 공동체를 통해 하나님을 발견하기로 결정했다. 우리는 공동체를 발견할 수 있는 모든 곳, 그리고 영적인 여정이 시작되는 모든 곳에 대해 이야기를 나누었다. 그곳은 커피숍일 수도 있고, 거실의 소파일 수도 있으며, 동네 술집의 둥근 탁자일 수도 있다. 이렇게 우리가 늘 접하는 공공장소를 나눔의 장소로 여기려는 생각이 특별한 시간과 공간에 국한되어 있는 권위적인 전문가들의 생각을 해체시켜 버렸다. 이 생각이 타인을 통해 하나님을 만나고, 타인과 함께 하나님을 찾으려는 가능성들을 우리에게 열어 주었다.

우리 공동체를 세운 후, 수년이 지난 어느 해에 나는 스코틀랜드에 있는 한 모임으로부터 그레이스웨이 교회 이야기를 해 달라는 요청을 받았다. 나는 그때 커피숍, 소파, 둥근 탁자 등 많은 소품들에 대해 이야기를 나누었다.

내가 이야기를 마쳤을 때, 첫 번째 질문은 "당신은 어떤 방식으로 그 둥근 탁자 모임을 주관합니까?"이었다. 나는 "아무도 주관하지 않습니다."라고 대답했다. 바로 이 대답에 문제의 핵심이 있다. 우리는 하나님이 우리 가운데 또 우리를 통해 일하시는 방식을 통제할 수 없다. 우리는 하나님께서 말씀하실 때와 장소를 통제할 수 없다. 둥근 탁자 모임을 통한 하나님의 역사는 우리가 상상한 것보다 훨씬 놀라운 것이었다. 이러한 하나님의 역사를 통제하려 했다면 어리석은 일이었을 것이다.

그러한 질문에 섞인 권위(authority)에 대한 걱정은, 상석이 없이 모두 같은 권위를 갖게 만드는 그 둥근 탁자가 혹시라도 인간의 주관성(subjectivity)이나 감정에 그 주도권을 넘겨주는 것은 아닐

까 하는 두려움이다. 하지만 기독교는 독특하게도 그러한 걱정에 적극적으로 반응하는 바로 그 곳에서 발생한다.

그리스도인과 교회는 공동체를 통해 계시하시는 하나님을 삼위일체의 세 인격으로 활동하시는 하나님이라는 독특한 방식으로 이해한다. 공동체로서의 교회(the Church-as-community)는 성령님에 의해 생명력을 얻으며, 하나님의 말씀에 따라 하나님의 몸이신 예수 그리스도의 이미지를 형상화한다. 그래서 (삼위일체적) 공동체는 '공동체로서의 교회'의 모델이 과거로부터 미래에까지 연속성과 일관성을 가지고 있다고 확증한다. 그래서 교회 공동체가 지금도 일하시는 성령의 역사를 따르고 있다면, 공동체 안의 권위가 인간의 주관적인 모습에 따라 다양하게 나타난다고 해도 두려워할 필요가 없다.

하나님의 몸(the Body of God)

요한복음 1장에서 말씀(the Word)은 육신이 되어 우리 이웃의 모습으로 오신다. 이 성육하신 말씀은 공동체, 즉 사람의 모임을 형성한다. 공동체는 하나님의 구속적 사랑을 구체화한다.

요한복음 20장 21, 22절에서는 예수님의 파송을 받는 공동체의 살아 숨쉬는 놀라운 역사가 일어난다. 그들은 성령을 받고 주님께서 파송되신 것처럼 그들도 세상으로 보내어진다. 그리고 제자가 된다는 것은 구속적인 삼위일체 하나님의 사랑을 실현하는 공동체를 이루는 것이다.

구체화된 공동체를 세우는 일은 하나님의 선교(the mission of God)에 있어서 필수적인 것이다. 이것은 개인적인 차원의 구원과 제자도를 넘어서는 것이다. 구원을 이루고 제자를 만들기 위해 공동체를 세우는 일을 최우선의 목적으로 삼는 것이다.

여기서 중요한 것은 '나'가 아니라 '우리'이다. 단 한 사람의 설교자와 그의 설교에 모든 사람이 동화되는 방식은 지양되어야 한다. 나를 가치있게 하는 것이 바로 우리이다. 신앙은 바로 이 공동체 안에서 발견될 수 있다.

뉴비긴(Lessile Newbigin)은 회중(congregation)이 우선적으로 해석학적이며, 회중이 해석학적인 입장을 가질 때 복음을 가장 잘 이해하게 된다고 주장한다.[17] 문화란 사람들이 자신의 소명(missiology)과 그 소명을 부여한 권위자(authority)를 하나로 여길 때 신을 만나게 되기에, 그 사람들이 곧 문화의 창문 역할을 한다. 교회의 임무는 복음의 이야기를 살아 있는 이야기로 만드는 것이다. 단지 말로만이 아니고 공동체의 행동 속에서 복음을 선포할 수 있어야 한다. 사랑은 단지 입의 설교로만 그치는 것이 아니고 공동체를 통해 느껴지고 발견될 수 있어야 한다. 이것은 삼위일체 하나님을 이해하는 새로운 비전을 요구한다는 점에서 기존 교회를 향한 정면 도전이다. 신흥교회는 하나님의 몸을 성육화 하라는 부르심에 응답하려 한다. 이웃들과 함께 만드는 공동체의 기초로 우리 자신을 헌신하려 한다. 혈연적인 관계로 묶인 공동체이든 지역적인 유대감으로 묶인 공동체이든 상관없이, 모든 공동체를 세우기 위해 그들과 몸과 영혼을 통해 접촉하는 것이다. 하나님의 몸이 된다는 것은 구원 공동체를 지향하는 이들에게 있어서 가장 근본적인 것이다.

하나이신 세 분(Three in one)

고대의 신조는 이렇게 고백한다. "우리는 하나요, 거룩하고 보편적(catholic)이며, 사도적(apostolic)인 교회를 믿는다." 그러나 이 고백은 이 하나의 교회가 어떤 모습이냐는 논쟁적인 질문을 제기

그리스도의 몸을 요리하기(consuming)

당신이 아는 최고의 주방장을 구하라. 그리고 당신의 친구들을 "누가복음을 즐겁게 먹자!"라는 영적인 경험의 기회로 초대하라.

* 레위(Levi)의 잔치(눅 5): 콩과 고기를 썩은 볶음밥(casserole)
* 제자들이 밀 이삭을 먹음(눅 6): 불에 구워 낸 콘과 겨자가 들어간 버터
* 먹고 마시는 인자(Son of man)(눅 7): 속이 채워진 메추라기 요리
* 5000명을 먹이심(눅 9): 시라(dill, 향미료, 역자 주)에 튀겨진 생선
* 어리석은 부자의 비유(눅 12): 박하향 요거트(yogurt)에 적셔 바싹 튀긴 메뚜기
* 큰 잔치 비유(눅 14): 최상급 유대인 포도주
* 삭개오의 집(눅 19): 구워낸 어린 새 요리
* 마지막 만찬(눅 22): 갓 구워 낸 유대인의 빵
* 엠마오로 가는 길(눅 24): 사프란(saffron) 향미료에 적셔 소테(saute, 버터 따위로 살짝 튀긴 고기 요리, 역자 주)를 두른 파(leek) 요리

---

17) Lessile Newbigin, *The Gospel in a Pluralist Society.* Grand Rapids, Mich.: Eerdmans, 1989, pp. 222-233. (*다원주의 사회에서의 복음,* 허성식 역, ivp, 1998)

한다. 즉 그 하나됨이 보편적인 우주적 교회를 말하는 것인지, 아니면 특정한 지역교회를 말하는지에 대한 논쟁이다.

이 질문은 사실 신흥교회(the emerging church)에서는 매일 논의되는 질문이다. 포스트모던 시대에 구원의 신앙 공동체를 세우기 위해, 우리는 우리가 익숙한 것에 변화를 주려 노력하고 있는가? 또 새로운 어떤 것을 시작할 준비가 되어 있는가? 만약 젊은 이들이 변화를 원한다면 시끄러운 음악 소리를 낼 수 있는 공간을 마련해 주고, 예전의 느린 음악에 빠른 노래를 섞어 부를 수 있도록 기꺼이 참아내야 할까?

어떻게 대답을 하던 모두 만족스러울 수는 없다. 당신이 만약 그렇게 하기로 작정했다면, 그것은 보편적인 의미가 아니라 특정한 의미에서 교회의 하나됨을 위해 선택한 것이다. 그렇게 되면 조금 거친 표현이긴 하지만 개인주의의 낌새가 나타날 수도 있을 뿐만 아니라, 과거의 지혜나 유산을 무시하려는 경향도 보일 수 있다. 그런 방식을 따르는 신흥교회들은 과거의 전통과 연속성(continuity)이 없는 매우 개인화된 형태라고 자주 비판받는다.

하지만 그렇다고 해서 교회의 하나됨이란 의미를 우주적이고 보편적인 교회론에서 찾는다면, 결국 기존의 주류에 속한 목소리가 승리하게 된다. 아무 것도 바뀌지 않을 것이다. 개별적인 독특한 정체성은 잃어버릴 위기에 봉착하게 된다. 혁신(innovations)에 대한 갈망과 소수자들의 관심이 수면 위로 떠오르는 일은 거의 불가능하게 될 것이다.

이것이 바로 신흥교회가 주목한 문제이다. 딜버트(Dilbert, 미국 S. Adams가 신문에 그린 연재만화의 주인공, 역자 주) 만화가 그것을 잘 말해 주고 있다.[18] 이 만화에서 도그버트(Dogburt)는 "혁신적 변화를 추구하기 위해서 기존의 모임과 다른 모임을 만들라."고 권유한다. 이는 기존의 모임과 다른 모임을 만들어 분리(separation)하는 것

---

18) 밥 칼톤(Bob Carlton)의 블로그 http://thecorner.typepad.com/bc/를 참고

이 혁신을 위해서 필요한 일임을 강조하는 것이다. 그렇다면 신흥교회는 새로운 실험을 위해 보편적인 우주적 교회로부터 떨어져 거리를 유지해야만 할까?

도그버트의 꿈은 대단한 것이다. "멋진 장소: 충분한 재정 지원, 놀라운 환경, 탁월한 사람들, 민주주의적인 방식!" 이러한 꿈은 모든 신흥교회들이 바라는 모습이다. 은사가 충만한 예술가들, 영적인 환경, 더 이상 신물나는 정치가들이 없는 그런 곳을 꿈꾼다. 그 만화는 전통주의자들이나 근대주의자들에게 일 년에 한 번씩 노동 현장을 둘러보게 하고 직접 작업 의자에 앉아보게 하라고 제안하면서 결론을 맺는다.

교회의 하나됨의 문제는 마치 수수께끼 같다. 감사하게도 삼위일체 하나님은 루어만(Luhrmann)의 세상(포스트모던적 세상이라는 의미로 쓰임, 역자 주)에서 하나의, 거룩하고, 보편적이며 사도적인 교회가 혁신적이어야 한다는 과제를 완수할 수 있도록 필요한 자원들을 공급한다.

삼위일체 하나님은 하나님을 관계적으로 이해하도록 하신다. 이것을 교회에 적용하면, 하나의, 거룩하고, 보편적이며 사도적인 교회는 공동체적이고(communal) 관계적으로 이해되어야 한다. 그래서 마태복음 18장 20절에서는 교회의 정체성이 공동체적이며, 관계적이고, 또 구속적인 것으로 나타난다. "두세 사람이 내 이름으로 모인 곳에는 나도 그들 중에 있느니라." 엠마오로 가는 길 위에서처럼, 예수님은 공동체 가운데 관계적으로 나타나신다. 신학적으로 말하자면, "교회는 역사 속에서 삼위일체 하나님과 종말에 연합할 것을 기대하며, 예수 그리스도를 믿는 신앙을 통해 삼위일체적 교제(communion)에 현재적으로 참여하는 것" [19]이다.

신흥교회는 여러 가지 방법으로 그 교제를 나눈다. 카페에 모여

---

19) Miroslav Volf, *After Our Likeness: The Church as the Image of the Trinity*. Grand Rapids, Mich.; Cambridge, U. K.: Eerdmans, 1998, p. 129.

서, 예술 작품을 설치하면서, 인터넷을 통해서 그 교제를 나눈다. 그것이 커피향이든, TV 스크린에서 나오는 빛이든, 컴퓨터 모니터에서 들리는 소리이든 이 모든 것들은 공유된 하나님의 사랑을 구체적으로 표현된 것들이다.

이것은 몇 가지 의미를 가진다.

교회는 개인주의(individualism)를 거부한다. 신흥교회가 교회가 되기로 결정하거나, 내가 신흥교회에 다니기로 결정하는 것이 아니다. 만약 교회가 그리스도의 몸이라면, 그렇다면 오히려 우리가 모이는(gathered) 이 공동체의 삶에 참여하는 것이다.

고대 교회는 삼위일체를 페리코레시스(perichoresis), 즉 하나님의 거룩한 춤(the divine dance of God)으로 묘사했다. 매우 공동체적이며 관계적인 이미지이다. 하나님의 사랑은 춤을 춘다. 아버지, 아들, 성령/창조자, 구원자, 보존자는 그 공유된 사랑 안에서 하나이시다.

하나님의 영은 세상에서 일하고 계시다. 그분은 우리를 하나님의 거룩한 춤으로 안내하고 계신다. 하나님은 우리를 관계성 안으로 끌어당기신다. 우리의 그 교제에 동참하게 된 것은 하나님의 동참하심에 대한 응답인 것이다.

교회는 사랑을 흘려 보낸다(leak). "두세 사람이 내 이름으로 모인 곳에는"이라는 구절을 적용하려면 조심스럽게 접근할 필요가 있다. 모이는 교회라는 모델은 구성원들을 하나로 묶는 원을 그리는 것이다. 이 원은 원 밖의 사람들에게 배재당하는 느낌을 줄 수 있다.

삼위일체 교리는 하나님을 관계성 속에서 정의하고 있다. 그래서 삼위일체 하나님 주위로 원을 그린다면, 그것은 삼위일체께서 그분들의 교제를 통한 사랑을 밖으로 흘려 보냄을 의미하는 점선으로 그려진 원이다. 그리고 삼위일체 하나님은 점선으로 그려진 원 바깥에 성육신하여 놓인다. 또한 성육하신 하나님은 점선으로 그려진 원 밖에 사람들과 함께 계시도록 그려질 수 있는데, 이는 하나님의 사랑이 밖으로 흘러나온 것을 보여주는 것이다.

그러고 나면, 이제 그 원은 사람들을 삼위일체께 이어주는 선이 필요하게 된다. 그 선은 하나님의 춤에 우리를 초청하시는 구속적인 하나님의 은혜를 가리킨다. 이것이 거룩함(holiness)의 본질이다. 그것은 사회로부터 분리되지 않고, 사회 안에서 하나님의 특별하신 사랑으로 통합하는 것이다.

우리의 하나됨은 관계성 속에 위치한다. 만약 하나님을 관계성 안에서 정의한다면, 마찬가지로 교회도 그러할 것이다. 우리는 특정한 몸들－하나님, 타인들, 다른 교회들－과 맺고 있는 관계성 속에서 하나이다.

이것은 당신 스스로를 하나의 교회라고 여길 때 다른 이들에게도 똑같은 점을 인정해야 한다는 것을 의미한다. 당신은 그 누구든 그 어떤 단체이든 교회라고 칭하는 이들을 인정해야만 할 것이다. 당신이 교회라면 다른 이들도 교회일 것이다. 그리고 당신은 그들과 관계를 맺게 된다. 이는 또한 어떤 신흥교회(어떤 교회이든)라 할지라도 자신들이 기독교의 가장 올바른 모습이라고 주장할 수 없다는 점을 의미한다.

전통도 관계성이다. 전통은 과거의 전망이 갖는 무게감이거나 관습적인 양식들의 억압만이 아니다. 이 문제는 교회사적으로 볼 때, 전통이 다른 교회들과의 연관 속에서 다루어질 수 있다. 다른 교회들은 그들의 문화 속에서 그리스도를 따르려고 노력했고, 우리도 마찬가지이기 때문에 그들을 존중해야 한다. 전통을 소중히 여기는 것은 그 과거와 맺는 이러한 연관을 인정하는 것이고, 우리의 현재를 더욱 풍부하게 만들기 위해서라도 다른 문화를 가진 교회들로부터 배우려고 노력하는 것이다. 이것은 형식적으로 굳어버린 제도적(institutional) 이해가 아니라, 관계적이고도 상황 중심적으로 인식하여 타자와 다른 문화에 대해 진지한 평가와 존중을 표

교회는 어디 있는가?

교회에 대한 우리의 표현 방식은 우리의 기대에 못 미친다. 교회는 우리가 출석하는 어떤 곳이다. 종교적 행사를 위해 발걸음을 하는 곳이다. 그러나 점차적으로 집단적으로 한 건물, 즉 우리가 말하는 "교회" 안으로 사람들을 불러 모이는 일이 어려워지고 있다. 이러한 현상은 포스트모던의 저항적 에토스(ethos)로서, 진정한 영성을 갈망하며 자신의 삶과 이야기를 나누려 하는 흐름을 반영한다. 안타깝게도 이 두 가지 요소는 근대적 기독교에는 현저히 부족한 것들이다. 미국에서 교회에 다니지 않는 사람들 중 30%가 그리스도를 따르는 이들이라고 추정된다. 아마도 그들은 교회에는 다니지 않지만 친구들과 이웃들과 삶 속에서 그리스도를 따르려는 사람들일 것이다. 그리고 예배는 건물이나 방송 시스템이 아니라는 점을 깨달은 이들일 것이다.
– 샐리 모겐탈러
(Sally Morgenthaler)

하는 것이다. 주님의 다른 제자들이 어떻게 사역했는지 무관심하거나 그것을 알기 위해 노력하지 않는다면, 우리에게는 매우 빈곤한 기독교만 남게 될 것이다.

이제는 선교적 지향성을 가지고 앞을 향해 나가야 한다. 교회가 사도적(apostolic)이어야 한다는 것은 우리가 교회를 처음 시작한 사도들의 신실한 마음으로 돌아가야만 한다는 것을 의미한다. 나는 사도들의 순수한 선교적 심장박동 소리가 '하나의 거룩한 사도적 교회'라는 함의를 가지고 있다고 생각해보지 못했다. 사도들은 단지 과거에만 집착하지 않았다. 그들은 2000년 전 예수님의 이야기를 미래적 전망 가운데 놓았다. 그렇게 그들은 새로운 예수 공동체를 세웠다. '사도적'이라는 것은 자신들의 사역을 지속적으로 앞을 향해 전진시키는 것을 의미한다.

뉴질랜드의 마오리(the Maori) 부족에게는 "뒤를 보면서 앞을 향해 나아가라(i nga ra o mua)."라는 말이 있다. 신흥교회의 정체성도 과거를 직시하며 앞을 향해 나아가야 한다는 점에서 이와 유사하다. 2000년 전에 있었던 그 역사적인 예수 이야기에 발을 디디고, 예수 그리스도의 내러티브를 실천하면서 세상 한가운데를 지나가야 하는 것이다.

우리는 하나의 거룩하고 보편적이며 사도적인 교회를 믿는다. 그것은 관계성 속에서 발견된다. 따라서 구원의 공동체는 예수 이야기를 더욱 풍부하게 실천하기 위해 많은 것들로부터 도전과 도움을 받을 것이다. 이것은 무엇을 의미하는가? 기성 교회를 혁신하기 위해 만들어진 모임이 있다면 그 모임은 다른 모임들과의 관계를 넓혀 나가면서 그것이 구원의(redemptive) 공동체가 될 때에만 영광스러운 모임이 될 수 있다는 것이다.

음악소리라야 커질 수 있다. 혁신적 변화는 일상적인 평범한 모습으로는 기대하기 어렵다. 물론 새로운 모습의 공동체도 구원의 공동체의 모습을 유지해야 한다. 한번 상상해 보라. 하나님의 백성이 모두 모이는 하나님 나라의 마지막 향연(banquet)은 우리가 생각하는 것보다 훨씬 더 다양하고 더 흥분되는 잔치가 될 것이다.

더 참고하면 좋을 책들

Stanley Grenz and John R. Franke, *Beyond Foundationalism: Shaping Theology in a Postmodern Context*. Louisville, Ky.: Westminster John Knox Press, 2000.

Sandra Pollerman, Stories, Stories *Everywhere: Good Practice for Storytellers*. Oxford: Bible Reading Fellowship, 2001.

Terry A. Veling and Thomas Groome. *Living in the Margins: International Communities and the Art of Interpretation*. New York: Crossroad Publishing, 1996.

참고할 만한 웹사이트

라이트(N. T. Wright)의 글 "성경은 어떻게 권위를 획득할 수 있는가?(How can the Bible be Authoritative?)" can be found at)라는 글을 다음 사이트에서 찾아 읽어 보라.

http://home.hiway.net/~kbush/Wright_Bible_Authoritative.pdf

www.btinternet.com/~smallritual/sofa.html

교외(Church)

"종말에 하나님의 백성들이 모두 한 자리에 모일 때, 저마다 다른 모습으로 종말을 준비했던 모든 교회들이 다 포함할 것이기 때문에, 다른 교회들로부터 소외되어 있는 교회도 인정받게 된다. 종말의 그 모임에는 시간과 공간을 넘어 모든 교회들이 교회로 인정받게 되어야만 한다."
– *Volf, After Our Likeness, p. 157.*

양연(banquet)

최근 우리의 대안적(alternative) 예배 모임을 기존의 형식과 비교하면서 다양성(diversity)과 유사성(conformity)의 문제가 제기되었다. 실제로 이해의 폭과 신학적 관점에 있어 많은 부분 저항이 있었다. 나는 "놀랍도록 다양하고 흥분되는 마지막 날의 하나님나라 향연"에 대한 생각을 즐긴다. 우리는 그것이 얼마나 멋진 것인지 잘 알지도 못하고 그 맛을 제대로 느끼지도 못하고 있다.
–시 스미스(Si Smith), **예배 전문가**

This Space for Correspondence

여기는 시애틀(Seattle)입니다. 이 도시와 물 위에 떠 있는 요트는 저의 마음을 사로잡았습니다. 여기서 저는 그레이스웍스(Gracewerks, www.gracewerks.org)라 불리는 예술가들의 모임을 방문했습니다. 저는 그들의 일하는 방식에 매료되었습니다. 그들은 작업실에서 서로의 관계를 창조적으로 발전시키는 일을 함께 해 나갑니다. 선교적이면서도 유연한 네트워크를 통해 자신들의 예술 작품을 피차 연관시키고 있습니다.

그 모임의 한 사람인 카렌 워드(Karen Ward)는 그녀의 블로그(deepdirt.blogspot.com)에서 또 다른 새로운 모임들이 마치 교회와 같은 분위기를 가지고 많이 생겨나는데, 그들은 포스트모던 문화나 젊은이 문화 속에서 탄생하면서도 복음이나 예수를 분명히 고백합니다. 그레이스웍스의 웹사이트에는 하나님이나 예수님이 그분의 세상 안에, 세상과 함께, 그리고 세상 가운데 계신다는 분명한 고백(이는 사실 교회의 겸손한 표현이다.)이 게재되어 있습니다. 그분을 "우리의 기대나 기도에 국한되시거나 제한되시는 분이 아니시다." 라고 적고 있습니다.

저는 매우 흥미를 느끼고 있습니다. 어떻게 하면 신흥교회가 일관성을 가지고 공동체와 선교를 조화시킬 수 있을지 고민하고 있습니다.

Post Card
This Space for Address only
UNITED STATES OF AMERICA
POSTAGE FIVE CENTS

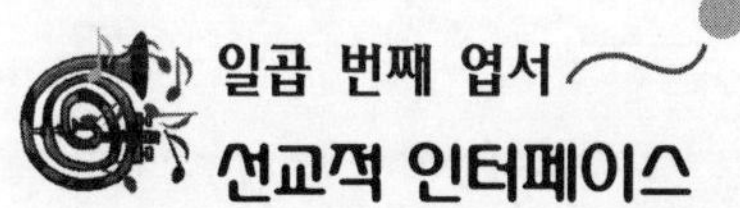

일곱 번째 엽서
선교적 인터페이스
(interface, 컴퓨터 장치들의 접속 연결회로, 역자 주)

신흥교회(the emerging church)를 향한 가장 중대한 질문은 아마도 "영적인 여행과 구원 공동체의 개념을 어떻게 조화시킬 수 있을 것인가?" 하는 것이리라. 우리는 어떻게 새로운 사람, 새로운 생각들의 지속적인 유입을 견딜 만큼 유연한 공동체를 만들 것인가? 그러면서도 헌신하려는 이들에게 연속성을 제공하는 안정적 공동체를 어떻게 만들 수 있을까? 여행자들을 기꺼이 환영하며 영접하고, 그러면서도 삼위일체 하나님에 근거한 신앙으로 정통성을 지켜나가는 공동체를 어떻게 일으킬 것인가? 건전한 신학의 안정성을 확보하면서도, 새로운 신학의 흥분되는 매력이 공존하는 그런 공동체 말이다.

기본적으로 신흥교회는 여러 방법을 통해 이러한 긴장을 탐색하고 있다. 신흥교회의 실제적인 의미는 떠오르는 교회들(churches, 단일 형태가 아닌 여러 형태를 띤 새로운 교회들, 역자 주), 즉 구원의 각종 형식들을 의미한다. 거기에는 가정교회들, 예술인의 모임들, 매주 한 번씩 참여하는 공동체들, 예배당이 아닌 곳에서 모이는 교회의 지역 모임들, 그리고 포스트모던 수도원과 같은 다양한 모습들이 포함된다.

이러한 형태들은 일종의 실험적 시도들이다. 완결된 결과물이 아니고, 초안에 해당하는 기획물이다. 하지만 우리는 이 다양한 형태의 교회들을 통해 구원을 지향하는 미래 교회의 형태를 맛 볼 수 있다. 그러한 새로운 시도들은 다소 어려운 선교적 사고도 요청한다. 이번 장에서 나는 이 형태들에 적용해야 할 원칙들을 사회학자 지그문트 바우만(Zygmunt Bauman)의 통찰력을 빌어 설명하려고 한다.

공동체 형성하기

지그문트 바우만은 유동적 근대성(liquid modernity)이라는 개념으로 오늘의 문화를 묘사한다. 경제적으로 볼 때, 근대는 대규모 생산중심 산업구조에 집중했다. 그러나 오늘날에는 핸드폰(cell phones), 노트북, 전자 데스크 등 이동성이 강하고 개인화된 소비성에 집중된 상품들이 더 많아졌다.

이러한 새로운 양식(mode)은 우리가 돈을 벌고 쓰는 방법을 변화시키기 때문에, 문화 자체를 변화시킨다고 말할 수 있다. 바우만은 경제적인 측면에서나 문화적인 측면에서 모두, 이전보다 더 유동적이고, 순간적이며, 소비에 집중된 생활에 젖어 있다고 주장한다. 자신들의 정체성을 그저 주어진 대로 받아들이기보다는, 직접 선택하고 구입해서 개인이 각자 만들어 가고 있다. 과거처럼 제도적인 규범을 무조건 받아들이지 않는다.

바우만은 이 생각을 한 사회에서의 공동체가 수행하는 기능에 적용한다. 개인이 자신의 정체성을 선택하는 것처럼 그들은 자신이 속하기 원하는 공동체도 선택한다. 그러한 선택 행위 자체가 자신들의 정체성을 형성한다. 더글러스 코플랜드(Douglas Coupland)의 세계에서처럼 우리가 가지고 있는 공동체의 개념들은 더 이상 혈연으로 묶인 가족 개념에만 한정되지 않는다. 대신 개인들은 자신들이 속하여 자신의 삶을 의미 있게 만들어 줄 공동체를 찾는다.

이러한 선택으로 인해 공동체는 이전과는 다른 형태를 갖게 된다. 바우만은 그렇게 형성될 수 있는 두 가지 공동체를 언급한다. 첫 번째 공동체는 쐐기 공동체(peg communities)인데, 구경꾼이나 방관자들을 참여할 수 있는 구실을 주어 한 곳에 집중하도록 이목을 끌어낸다. 락(rock) 콘서트나 운동 시합은 좋은 예이다. 참여자들은 서로 연관이 없는 모임에 속한 이들이지만, 그때만은 한 공동체에 속해 있다는 느낌을 받는다.

대중적인 TV 토크쇼(talk shows)는 좋은 예를 보여준다. 쇼는 개인의 사적인 삶에 대중적인 창을 제공함으로써 관심을 끌어낸다. 그러한 폭로가 친근감이나 소속감을 불러 일으키지만, 그러한 소속감은 결코 다른 사람들과의 연대를 요청하지는 않는다. 개인은 방송에서 던진 "쐐기(구실)"을 선택함으로써 공동체의 경험에 동참한다. 그러나 거기에는 삶을 나눈다든가 하는 기대는 전혀 없다. 바우만은 이렇게 말한다. "놀이동산의 매력처럼 이 쐐기 공동체들의 연대감은 바로 그 현장에서 체험되는 것이다. 자신의 집에서까지 이어져서 일상의 삶 속에 녹아지지는 않는다." [20]

그런가 하면 이와는 대조적으로 윤리적 공동체(ethical communities)는 장기간의 헌신을 통해 만들어진다. 그들은 개인이 그 권리를 포기하면서 공유된 공동의 확신을 갖는다. 대신 그들에게는 윤리적 권리와 책임이 주어진다.

윤리적 공동체의 예를 들어보자. 오늘 우리 사회에서 윤리적 공동체는 그리 일반적이지 않다. 근본주의(fundamentalism)나 종파(cult) 모임들이 사람들에게 호소하는 매력은 장기간에 걸쳐 구성원들이 공유하는 헌신이다. 1970년대에는 의도적인 생활 공동체가 많이 발흥했었다. 그들은 그 공동체가 지향하는 가치를 함께 공유했다. 그러면서 그들은 그 가치를 보존할 수 있는 안전한 환경을 제공했다. 지금까지 가장 큰 규모의 뉴에이지(New Age) 공동체는 스코틀랜드(Scotland)의 휜드혼(Findhorn)에 위치하고 있다. 500명 이상이 함께 살면서, 평화, 관용, 그리고 사회를 향한 그들의 비전에 헌신하며 장기간 공동의 삶을 나누고 있다.

바우만이 우리 시대의 문화를 배경으로 쐐기 공동체와 윤리적 공동체를 구별한 것을 고려하면, 우리는 신흥교회에 대해 새로운

---

20) Zygmunt Bauman, *Community: Seeking Safety in an Insecure World.* Cambridge: Polity Press, 2000.

시각으로 바라볼 수 있게 된다. 지금부터는 바우만의 주장을 참고하여 신흥교회의 다양한 형태들을 평가하려고 한다. 이는 신흥교회가 위대한 선교적 집중도를 얻을 수 있을 것이라는 희망을 안고 진행될 것이다.

가장 온전한(pure) 윤리적 공동체, 가정교회

신흥교회의 가장 일반적인 형태는 가정교회이다.

미국에 있는 빈야드(Vineyard) 교회 중 일부는 가정을 중심으로 구성된다. 예배를 위한 건물, 유급 직원, 정규적인 주일예배 등은 가정에서 만나기 때문에 필요하지 않다. 그들은 구성원 간의 관계와 깊은 삶의 나눔을 강조하면서 소그룹을 통해 집중적인 교제를 나눈다. 가족이라는 혈연에 의해 자연스럽게 그들은 가정교회의 지체가 된다. 관계적이고 자연적인 훈련을 증진시킨다는 점은 장점이면서도 약점이다. 친구에게 복음을 전하는 우정 전도처럼, 가정교회는 이미 친근한 이들을 초청하고 관계가 먼 사람에게는 접근하기가 쉽지 않다. 가정교회에는 본래적으로 동질성(homogeneity)을 띠게 된다.

가정교회는 공유된 윤리적 권리와 책임을 기반으로 한다는 점에서 바우만이 말하는 윤리적 공동체의 전형적인 사례이다. 가정교회에서는 다른 사람에게 "쐐기박기(peg, 구실을 만들어 한 곳에 집중하도록 하는 것을 비유, 역자 주)"의 기회를 주기가 어렵다. 가정교회는 집 문턱을 넘어 들어와야만 한다. 그 안에서 다른 참여자들과 삶을 나누고 한 가족이 된다. 하지만 가정교회 모델은 공동체 밖의 사람들을 안으로 끌어 들이기가 쉽지 않다는 점에서 많은 과제를 안고 있다.

호주 멜보른(Melbourne)에 있는 가정교회인 리빙룸(the

---

21) 참고할만한 의견을 제시해 준 폴 프로몬트(Paul Fromont)에게 감사한다. 다음 블로그를 방문해 보기 바란다. http://prodigal.typepad.com

LivingRoom)의 운영 방법과 활동은 몇 가지 해결책을 제시한다. 그들은 매주 저녁에 집에서 모여 저녁 식사를 하며 예배를 드리고 삶을 나누며 토론도 한다. 이러한 윤리적 모임과는 별도로 그들은 동료의 친구들을 만날 수 있는 기회를 만든다. 이 구원적 모임은 모든 사람에게 열려 있다. 바비큐 요리도 하고, 파티를 즐기며 공동체의 비전을 나눈다. 이러한 열린 행사를 통해 외부 사람들이 윤리적 공동체 안으로 들어 올 수 있는 기회가 제공된다.

쐐기 박기: 미로를 따라 걸으며

영적인 여행이라는 개념을 다시 생각해 보자. 우리는 이 개념을 통해 사람들을 머물게 할 쐐기와 장소가 필요함을 알았다. 그것이 여행 가이드가 해야 할 가장 중요한 일이다. 그래서 여행자들이 결국 윤리적 공동체의 일원이 되도록 하는 것이 희망사항이라면, 우리가 알아야 할 것은 그들이 공동체에 참여할 수 있도록 유도하는 쐐기 공동체가 필요하다는 것이다.

미로를 따라 걷는 행사는 쐐기 공동체의 전형적인 모습이다. 미로는 가장자리에서 중앙으로, 다시 가장자리로 옮겨 가는 순환로이다. 분명한 목표가 있는 길이다. 미로를 따라 걸으며 묵상과 기도를 할 수도 있다. 접근성이 용이할 뿐만 아니라, 교회의 예식이나 종교적인 관습을 잘 몰라도 가능한 이점이 있다. 또한 참가자들은 자신들만의 속도로 걸으며, 기독교적 메시지를 담아 다양하게 비치된 묵상 자료를 통해 또 다른 도전을 받을 수 있다. 하지만 미로를 걷는 것은 일단 빌미를 제공하는 정도의 경험이다. 미로를 걸으며 다른 사람을 만난다고 해도, 혹은 나중에라도 다른 사람들과 당신의 경험을 나눈다고 해도 거기에는 어떤 장기간의 헌신이 요구되지는 않는다.

영적 여행이라는 개념이 가진 통찰력과 구원적 포털(portals)로

아래의 사이트를 방문해 보세요
온라인에서 활용 가능한 미로
www.labyrinth.co.uk

서의 교회 공동체라는 개념을 함께 엮으면 신흥교회의 범위가 선교적으로 확장될 수 있다. 가정교회는 이렇게 물을 수 있다. "외부 사람들이 참여하고 싶어 할 만한 장소와 공간을 어떻게 만들 수 있을까?" 미로 디자이너는 이렇게 말할 수 있다. "우리는 어떻게 하면 미로 걷기와 같은 행사준비에 기여하는 사람들이 단지 쐐기 박기에 참여하는 것을 넘어 타인을 돕는 윤리적 차원으로 변화되도록 할 것인가?" 쐐기 공동체와 윤리적 공동체 모두 포스트모던 여행자들에게 다리를 제공해야 한다는 선교적 의미에서 없어서는 안 될 공간이다.

윤리적 쐐기 박기: 예술적 모임

초기 신흥교회는 기존의 예배에 대한 대안적 성격을 띠었다. 영국이나 뉴질랜드에서 대안적 예배는 이미지, 상상력, 의식 등을 공유하며 포스트모던 문화를 창조적으로 수용하는 공통점을 지녔었다. 그러나 점차 두 가지 다른 특징적 형태로 공동체가 발전했다. 나는 그것을 하나는 '예술적 대안예배 모임(alternative worship art collective)' 모델이라 부르고, 또 하나는 '주간 참여적 대안예배 공동체(alternative worship weekly participatory community)' 모델이라고 부른다. 두 모델 모두 쐐기 공동체와 윤리적 공동체를 다르게 조합하여 선교적으로 도전한다.

대안적 예배 공동체의 한 형식으로서 예술적 모임은 보통 한 달에 한번 정도 모이고(이보다 더 자주 모일 수도 있고, 덜 모일 수도 있다.) 시각적으로 창조적인 축제를 벌인다. 런던의 그레이스(Grace)나 뉴욕의 비전(Visions), 혹은 뉴질랜드의 패러럴 유니버스(Parallel Universe) 등과 같은 모임들은 이런 방법으로 모이는데, 모두 포스트모던 세대를 위해 문화적으로 육화된(incarnational) 예배를 제공하려는 꿈을 가지고 있다. 이러한 공동체들에게 있어서 예술적 모임은 DJ와 같으신 하나님과 함께 나이트클럽에 가는 것과 같다. 그렇게 문화적으로 육화된 예배를 드리기 위해서는 비디오의 조작 시간이 꽤 필요하고, 이미지들과 새로운 음악을 만들어야 한다.

시각적 효과, 음악, 예배 순서 등은 전형적인 쐐기 공동체의 작업이다. 스크린과 영상물을 보면서 그들은 그것이 표현하는 경험을 수동적으로 공유한다. 스크린을 바라보는 이들은 자연스럽게 수동성(passivity)이 강화된다. 록(rock) 콘서트에서 공연을 보는 것과 유사해서 거기서 만난 사람들과 관계를 맺는 것은 부자연스러운 듯이 느껴진다. 그냥 그 현장에서 공유된 쐐기 경험을 구실 삼아 작은 속닥거림만이 있을 뿐이다.

나는 2001년 삼위일체 주일에 영국에서 한 대안 예배에 참석했다. 참석자들은 성삼위를 의미하는 세 가닥의 실로 팔찌를 만들라는 주문을 받았다. 그것은 테이크아웃 영성의 매우 좋은 본보기였다. 참석자들은 그 팔찌를 보면서 예배의 경험과 자신들의 삶을 함께 엮어가는 것처럼 보였다. 그러나 이러한 예배는 분명히 개인주의적이다. 우리는 각자의 팔찌를 만들면서 한 일주일 정도 영성을 유지할 수 있는 개인적인 "쐐기"를 경험했을 뿐이었다.

어떠한 공유된 헌신도 없었고, 윤리적 공동체로 확장될 어떠한 연대도 없었다. 세 가닥의 실 중 하나가 그날 예배에 참석한 지체 중 한 사람이라고 언급했던지, 각자 지닌 팔찌가 다른 사람들과 연대하는 고리의 역할을 하는 의식을 했던지 했어야 했다.

그날의 예배를 비판하려는 것은 아니다. 현대 교회의 예배들은 대체로 이처럼 개인을 혼자 있는 채로 방치해 버리곤 한다. 나는 그저 쐐기의 수준에 만족하도록 놓아두는 예배의 문제를 지적하고 싶은 것이다. 사실 예술적 모임의 강점은 사람들에게 매우 효과적인 쐐기를 제공한다는 점이다. 그것은 일종의 포스트모던 구도자 예배와 같은 것이다.

흥미로운 것은, 바우만의 공동체에 대한 개념을 활용하면 창조적이고 시각적인 예배 모임에 참여하는 쐐기 공동체에 윤리적 공동체가 숨어 있다는 것이다. 스크린과 영상물 뒤에 그 예배를 만드는 사람들의 팀(team)이 있다. 대안예배의 예술적 모임 모델 이면에는 자신들의 문화를 기독교 신앙과 접목시켜 통합하며 영적인 성장을 지향하는 이들이 있다. 그들은 삶을 나누고 영성을 공유하면서 공동체를 경험한다. 그래서 바우만식 분석을 사용하면 예술적 모임은 육화된 예배 경험을 통해 쐐기 공동체를 제공하는 윤리적 공동체라고 말할 수 있다.

우리에게 던져진 선교적 질문은, 어떻게 쐐기 공동체의 사람들을 윤리적 공동체로 초청할 수 있느냐 하는 것이다. 구원 공동체의 진정한 가치를 구현하기 위해 우리는 보이는 것 이면의 세상을 여행해야만 한다. 윤리적 공동체는 의도적으로 중간 다리를 만들어 그 다리를 통해 쐐기 공동체의 사람들이 윤리적 공동체로 넘어 갈 수 있도록 해야 한다. 예컨대, 그러한 예술적 예배 모임을 끝낸 후 카페에서 대화 시간을 갖는다든지, 다음 행사를 계획하는 일에 동참을 요청한다든지 해야 한다. 그런 방법들은 매우 효과적일 것이며, 이러한 일에 헌신할 때 윤리적 공동체 구성원들의 삶은 하나님의 몸을 구체적으로 실현하는 것이 될 것이다.

윤리적 쐐기: 주간 참여적 공동체들
(weekly participative communities)

또 다른 대안 예배 형태는 주간 참여적 공동체(뉴질랜드의 시티사이드 침례교나 시드니의 카페 교회와 같은)라고 말할 수 있다. 예술적 대안예배 모임과 마찬가지로, 이 형태 역시 포스트모던 세대를 위해 문화적으로 육화된 예배를 드린다. 그러나 이러한 공동체들은 매주 만나기 때문에 비디오 클립이나 새로운 음악을 개발한 시간이 부족하다. 대신 창조성을 더 감각적으로 표현하는 일에 관심의 초점을 둔다. 예술적 모임과 같이 거기에는 포스트모던적인 육화(incarnation)와 높은 주인 의식, 그리고 참여 등이 강조되지만, 여기서 참여란 행사에 앞서 이루어지는 준비 단계의 참여라기보다는 실제로 이루어지는 경험의 가장 핵심적인 부분으로 간주된다.

뉴질랜드의 시티사이드 침례교는 매주 여러 순서로 나누어 예배를 드린다. 각각의 부분―예배에로의 부름, 찬양과 묵상, 기도, 오늘의 말씀[22], 죄의 고백과 용서의 선언, 교회를 위한 기도, 타인을 위한 중보기도, 축도―은 서로 다른 사람들이 맡는다. 이미 앞서 언급했듯이 각 부분의 리더들은 자신들만의 특별한 스타일, 매체, 창조성을 발휘할 수 있도록 보장된다. 그래서 사람들의 광범위한 참여가 예배 가운데 가능해진다.

예술적 모임 모델과 마찬가지로 이렇게 매주 갖는 경험은 영적인 여행자들을 쐐기에 박을 수 있는 좋은 구실을 제공한다. 그들은 참여의 기회를 가질 수 있다. TV 토크백(talkback, 라디오나 TV에서 스튜디오와 조정실 사이에 사용하는 인터폰, 역자 주)처럼, 그들은 타인의 사적인 삶을 공개적으로 들을 수 있다. 그들은 장기간의 헌신을 하지 않아도 그 경험을 공유할 수 있는 것이다.

하지만 그 경험은 참여를 통해서 더욱 풍요로워지고 충만해진다. 한 교인이 내게 이렇게 말했다. "시티사이드 교회는 일요일에 한 번 모이는 것으로 모든 것을 끝내는 모임이 아닙니다. 시티사이드 교인이 되는 것은 이 도시에 사는 이들과 함께 살아가는 것과 같습니다. 그러므로 나는 매일 교회에 있는 셈입니다. 나는 휴일에도 도시에서 사람들을 어디서든 만나 봅니다.... 일요일에만 교회에서 만나는 것보다 훨씬 큰 규모의 사람들을 만나게 됩니다."[23] 따라서 공동체에 대한 윤리적 표현이 전에 비해 더 깊어지고 많아지고 있

---

22) "오늘의 말씀(hot text)" 시간은 자신에게 특별히 의미 있게 다가 온 말씀을 각자 읽고 그 의미를 설명하는 시간이다.

23) 시티사이드 교회의 성도들과 인터뷰한 내용은 스티브 테일러(Steve Taylor)가 쓴 다음의 글에서 발췌했다. *A New Way of Being Church: A Case Study Approach to Cityside Baptist Church as Christian Faith "Making Do" in a Postmodern World.* Ph. D. thesis, University of Otago, 2004.

참여의 의미

예배를 준비하기 위해 무엇인가 할 때, 어디서인가 모여서 함께 참여하여 준비할 때가 내게는 의미 있는 시간이다. 우리는 예배 전에 다른 무엇을 하기보다는 함께 만나는 것이 더욱 유익함을 알고 있다.
―*영국의 예배 사역자와의 인터뷰, 2001년 6월.*

예배와 하나님 이야기

함께 모여 하나님께 예배드릴 때 우리가 해야 할 일은 무엇인가? 그것은 하나님 이야기(God's story)를 예배 가운데 행하는 것이다. 예배는 결코 우리 안에서 발생되는 어떤 것이 아니다. 성경에서 예배란 하나님의 이야기를 선포하고 제정하는 것을 말한다. 추상적인 개념으로써의 신에게 경배하는 것이고, 세상을 구원하시기 위해 역사 가운데 일하시는 하나님을 대면하는 것이다. 그래서 예배는 하나님의 이야기를 *기억하고*, 우리는 미래에 실현될 새하늘과 새땅을 *기대하며* 역사 속에서 현존하여 일하시는 하나님의 이야기 속으로 들어가는 것이다.
― *로버트 웨버(Robert Webber)*

당신이 아는 것이 있다면

축제적 영성이 온전히 이루어진 형태―포스트모던 수도원이나 육화된 선교 공동체들―를 알고 있거나, 혹은 또 다른 모델을 발견했다면 주저하지 말고 아래의 사이트에 들려 당신의 의견을 남기라.
www.emergentkiwi.org.nz

는 실정이다.

대안적 예배는 쐐기 공동체와 윤리 공동체를 다른 방식에서 섞어 놓은 것이다. 민감한 선교사라면 쐐기 공동체의 사람들을 어떻게 하면 윤리적 공동체로 옮겨 놓을 것인지, 그 방법을 고민하고 있을 것이다. 우리는 나중에 이 부분에 대해 더 탐구하게 될 것이다.

먼저, 신흥교회의 두 모델을 더 살펴보자. 앞서 말한 두 모델과는 달리, 이 모델들은 아직 거의 검증되지 않았다. 그러한 모델을 꿈꾸거나 지향하는 모임을 보기는 했지만, 실제로 온전한 형태의 사례는 아직 없다.

축제적 영성(festival spirituality)

미래의 신흥교회는 내가 축제적 영성이라 이름붙인 형태로 발전할 것이다. 이 축제적 영성의 근거는 구약성경에서 발견할 수 있다. 이스라엘은 혈연 관계를 통해 이루어진 민족으로, 일 년에 세 번 한 곳에 모였다.[24] 이 축제 기간에는 연합 축전, 생명과 기쁨의 감사, 하나님께 드리는 희생 제사, 그리고 소외된 이들(이방인, 고아, 과부)을 접대하고 포용하는 등의 순서가 포함되었다.[25]

이 축제적 영성은 이스라엘 민족에게는 주기적으로 반복되는 삶의 한 부분이었다. 예루살렘으로 모이는 여러 가족들이 한데 모여 엉키는 거대한 규모의 의식이 반복적으로 열렸다. (바우만의 의견을 적용하면, 그것은 윤리적 공동체와 쐐기 공동체의 절묘한 혼합이다.) 그렇게 주기적인 모임과 향연을 베풀면서 강화된 축제적 영성은 집으로 돌아가는 사람들의 마음 속에 자신이 훨씬 더 큰 그 무엇인가의 한 부분이 되었다는 느낌을 남긴다. 축제를 통해 그들은 영성과 정체성을 다음 축제가 올 때까지 유지할 수 있도록 기억의 장치를 얻게 된다.

---

24) 신명기 16;16
25) 신명기 16:14

축제적 영성은 포스트모던 세계에 많은 의미를 시사한다. 거대한 규모의 축제를 다양한 방식으로 개최함으로써 소규모의 윤리적 공동체들을 더욱 풍부하게 만들 수 있다. 소외된 이방인에게 우리와 함께 할 쐐기(구실)를 만들어 서로의 삶을 나눌 기회를 만들 수 있다. 여기에는 어마어마한 선교적 가능성이 내재되어 있다. 어떻게 하면 그들이 예루살렘으로 올라가는 순례자의 행렬에 쉽게 동참할 수 있을까? 아니 단지 동참하는 것만이 아니라 영성의 차원-경험적, 실험적, 혹은 가능하다면 실존적인 변화에까지-에서 교류할 수 있을까?

나는 신흥교회가 거대 규모의 행사를 더 많이 개발할 수 있는 방법을 생각해 본다. 영국의 그린벨트(Greenbelt) 축제나 스프링 하비스트(Spring Harvest, 1979년 영국 북 웨일즈에서 시작된 워십 축제, 역자 주), 또 미국의 코너스톤(Cornerstone) 축제나 크리에이션(Creation), 선샤인(Sonshines), 뉴질랜드의 파라추트(Parachute), 호주의 블랙 스텀프(Black Stump) 등이 여러 다른 형태의 축제적 영성을 보여준다. 그것들은 공히 거대 규모의 행사인데, 사람들에게 그 행사를 떠올리도록 만드는 기억의 장치들을 제공한다.

내 친구 중 한 명이 음악, 예술, 교육을 망라하여 진행되는 호주의 가장 큰 기독 행사인 블랙 스텀프(black stump)에서 일한다. 지난 몇 년간 그는 참가 희망자들이 점점 더 젊어지는 것을 느꼈다. 젊은이들은 주저하지 않고 블랙 스텀프를 자신이 소속할 교회로 선택했다. 이러한 현상은 위기일까? 아니면 기회일까? 쐐기 공동체, 윤리적 공동체라는 개념이 이런 질문에 답할 수 있을 것이다. 그 축제를 쐐기 공동체로 보고 지역교회를 윤리적 공동체로 여기기보다는, 오히려 축제와 교회 둘 다를 한꺼번에 생각해 보는 것이 더 효과적이지 않을까? 그 축제는 단지 축제 기간뿐만 아니라 축제가 끝난 이후에도 사람들에게 영적인 훈련과 자료를 제공할

세계의 축제

축제가 포스트모던 순례의 특색이라는 점에 동의한다. 여기 영국의 그린벨트 축제는 단지 행사에 그치거나 사람들을 불러 모으는 구실로서의 쐐기만이 아니다. 이 축제는 우리와 멀리 떨어져 있는 사람들을 일 년에 단 한번 만날 수 있는 기회이다. 내가 이 축제를 환상적으로 여기는 또 다른 이유가 있는데, 우리가 이 축제를 통해 신흥교회가 보편적(universal) 교회의 한 부분이라는 사실을 비로소 알게 된다는 것이다. 신흥교회는 단지 우리의 혹은 나의 공동체만이 아니다. 훨씬 더 큰 공동체의 지체임을 알게 된다. 그러한 깨달음은 한편으로는 용기를 우리에게 주지만 한편으로는 우리를 주춤하게 만든다. 우리를 확장시키기도 하고 또 제한하기도 한다. 여기서 정말 중요한 것은 우리가 우리 이야기를 스스로 쓰지 못한다는 생각을 버리지 않는 것이다. 우리는 우리의 작은 공동체보다 훨씬 큰 어떤 것에 속한 사람들이다.
– 매기 돈(Magi Dawn)

영성 축제

매주 같은 예배를 반복적으로 드리기보다는 다음의 예처럼 다양하게 시도할 수는 없을까?
* 매번 4-5주 간격으로 아주 잘 홍보되고 치장된 축제를 규칙적으로 여는 것은 어떨까? 인적, 물적 자원이 투입되고, 아이들을 따로 돌보는 도우미가 배치되며, 선교적 미술 작품 전시회와 예배가 하루 종일 열리는 것이다. 좋은 행사 내용, 그것을 진행하고 계획하는 창조성, 또 하나되는 어우러짐이 교회 "안으로 넘어오는" 좋은 기회가 될 수 있다.
* 매주 카페에 모여 서로의 의견을 토론하는 모임은 어떨까?
* 공동체를 만들어가는 또 다른 창조적인 공동 모임을 만드는 것은 어떤가? 예를 들어 각자의 이야기를 하는 스토리텔링(storytelling)의 밤 같은 것 말이다.
* 전통적인 중보기도 모임을 자신이 일하는 사무실에서 일상적으로 갖는 것은 어떨까?

수 있지 않을까? 지역교회는 축제 형식의 행사를 지원하고, 그 기회를 축제에 참여한 여행자들이 지역교회의 일원이 되는 구실로 활용할 수 있지 않겠는가?

더 작은 모임들도 축제를 열 수 있다. 그레이스웨이 교회는 엔라이븐(Enliven)이라는 이름의 축제를 하루 종일 진행하고는 한다. 그 축제는 오순절 주일에 시작하여 성령을 경배하는 축제가 되었다.

엔라이븐은 세미나와 커피 타임, 그리고 예술 작품 전시 등의 순서로 진행했다. 세미나는 우리가 살아가는 일상의 장소와 생활 속에서 일하시는 성령에 대한 토론의 장이었다. 커피는 공동체를 형성하는 좋은 도구였다. 예술 작품 전시는 개인에게 검은색 금속 타일(tile)과 페인트, 알루미늄을 주어 창조적인 표현을 하도록 유도했다. 미술 지도사가 있어서 사람들을 가르치고 창조적인 표현을 하도록 도왔다. 그러한 작업을 통해 사람들은 성령님이 어떻게 자신들의 삶에 구체적으로 살아 역사하시는지 표현했다. 사람들은 생각하고, 마시고, 표현하며 축제의 장을 돌아 다녔다. 행사는 예배로 마쳤고, 각자 만든 예술 작품은 공동체의 삶을 나누기 위한 좋은 재료가 되었다.

거대 규모의 축제는 여행자들의 영성과 정체성을 유지할 수 있도록 돕는 기억의 장치들을 제공해 준다. 그것은 우리의 윤리적 생활에도 활력소를 제공했다. 그 축제를 통해 사람들이 우리의 생활을 살펴보며 여행을 시작했다. 축제가 끝나갈 무렵 한 여행자가 나에게 말을 걸었다. 그녀는 오래 전에 교회를 떠났고, 아이들을 키우면서 힘들어 하고 있다고 말했다. 엔라이븐 축제를 통해 다시 돌아갈 수 있게 되었노라고 고백했다. 그녀는 이 축제가 자신에게는 예수님께로 돌아가는 중요한 첫걸음이 될 것이라고 말했다.

축제적 영성은 포스트모던 세상에 많은 영향을 끼칠 수 있다. 축제적 영성은 포스트모던 여행자들에게 쐐기를 제공하여 다양한 방법으로 윤리적 공동체에 동참할 기회를 허용한다. 그들은 예루살렘으로 올라가는 순례의 길에 끼어들 수 있고, 여러 영성의 훈련을 선택할 수 있게 된다. 그것이 경험적인 것이든, 아니면 실험적이거나 혹은 실존적 변화이든 상관없다.

포스트모던 수도원들

역사적으로 수도원은 기도의 장소였다. 물론 그곳은 지식을 배우고 가르치는 곳이기도 했다. 아마도 오늘날에는 기도와 사회 정의(justice)를 실천하는 곳으로서의 포스트모던 수도원을 생각해야 할 것이다.

움베르토 에코(Umberto Eco)의 장미의 이름(The Name of the Rose)은 수도원의 생활을 배경으로 한 소설이다.[26] 소설은 화재로 수도원이 불타면서 끝을 맺는다. 도서관의 책들과 수세기 동안 모아 온 수집품들과 자료들이 모두 불탄다. 수도원에 불을 붙이고 전소하도록 만든 사람은 이성적이고 지적인 인물이다. 텍스트(text), 이성, 종교 전체에 걸쳐 있는 내러티브(narrative)는 축소된다. 문자적으로도 그것들은 한 줌의 재가 된다.

텍스트를 해체하고 이성과 종교의 중심적 위치를 약화시키면서, 이 책은 포스트모던을 대표하는 책으로 널리 알려져 있다. 그러나 텍스트, 이성, 종교를 해체한다는 음모(plot)를 내가 동의하자는 것은 아니다. 오히려 나는 이 책의 배경이 된 수도원적 이상(ideal)을 집중적으로 살펴보기 원한다.

이 책에서 우리는 기도하며 하나님의 은혜 가운데 살아가는 삶의 방식을 기꺼이 받아들인 사람들을 만나게 된다. 수도원에서 하는 일이란 배움의 연속이다. 소설에는 하루 종일 몇 시간이고 수도

---

26) Umberto Eco, *The Name of the Rose*. Trans. William Weaver. London: Secker & Warburg, 1983. (이 책은 〈장미의 이름〉이라는 제목으로 번역되어 출간되었다.)

축제란 이런 것!

타인이 축제적 영성에 참여하기는 대체로 쉬운 일이다. 존(John)은 런던 중앙로에서 조금 벗어난 곳에서 교회 지도자들과 선교전략 워크숍을 열고 있었다. 예배를 드리며 그는 참석자들이 둥근 원을 만들어 춤을 추도록 했다. 옆 사람이 한 행동을 따라 하며 누구나 새로운 동작을 할 수 있었다. 건물 곳곳을 다니며 춤을 추다가 지도자 중 한 사람이 건물 밖으로 사람들을 이끌고 나가버렸다. 사람들이 놀란 것은 나간 사람은 200여 명이었으나 돌아 온 사람은 230여 명이었다는 것이다. 그때는 한여름 저녁 7시였었다. 거리에는 각자 약속에 따라 바쁘게 움직이는 이들이 가득했다. 사람들은 이 교회 지도자들의 행렬을 따라 함께 노래하고 춤을 추며 따라왔다. 그들이 건물 안으로 돌아왔을 때, 세미나에 참석한 지도자들은 의아해 하고 있었다. "우리가 무슨 일을 한 거야? 우리가 왜 그랬지?" 30명의 사람들이 늘었다니! 그들의 질문은 곧바로 그 선교전략 워크숍의 질문이 되었다.
– 존 드래인과 올리브 드래인

사이버 공간 에엄치기
좀 더 온전한 이해를 위해서 테일러(Steve Taylor)의 글 *"A Postmodern Monastery."* (IT Church, Culture, November 2003.)를 다음의 사이트에서 내려 받아 읽어 보라. www.emergentkiwi.org.nz/

그리고 http://news.independent. co.uk/에서 독일 형식의 공동생활에 대해서도 참고하라.

원의 필사실(scriptorium)에 앉아 있는 수도사가 등장한다. 그는 아름다운 도서관과 종교적 책들에 둘러싸여 있다. 그는 신실한 마음으로 성경을 필사하고 있다. 그것이 그의 임무이다. 기도생활의 일과에 지식을 보전하고, 그렇게 함으로 사회의 교양을 유지한다.

사실 이렇게 힘들여 필사하는 것이 우리가 보기에는 우스운 짓일지도 모른다. 우리는 OCR(광학문자판독기)와 레이저 프린터, 그리고 어도비 아크로뱃 소프트웨어(Adobe Acrobat software)를 가지고 있기에 일일이 손으로 쓸 필요가 없을 것이다. 하지만 포스트모던 수도원을 제대로 안다면 우리가 그 가능성을 비웃을 수만은 없을 것이다. 기도의 일과를 통해 지식을 전수하려는 헌신된 사람들에게 우리가 가진 소유나 물질이 무슨 의미가 있겠는가?

이 질문의 의미를 진지하게 생각하면서 아일랜드로 떠나보자. 더블린(Dublin)에서 당신은 '켈스의 서'(The Book of Kells, 9세기 초 완성된 라틴 복음서, 역자 주)를 볼 수 있을 것이다. 그 책은 800년 경 켈트족(celtic)의 절정기에 쓰였다. 장미의 이름과 마찬가지로 켈트족 수도사들은 그 책을 필사했다. 하지만 그 수도사들은 정교한 예술 작품과 기억을 불러 일으키는 이미지를 각 페이지마다 장식했다. 그것은 세상에서 가장 아름답게 장식된 필사본 중 하나로 일컬어진다. 헌신된 한 무리의 사람들이 기도하면서 지식의 전수를 위해 텍스트와 창조성을 조화시킨 아름다운 사례인 것이다.

그런 노력은 아마도 우리의 속성 문화 속에서는 불가능할 것이다. 하지만 2003년 10월 무슨 일이 일어났던가? 두 명의 뉴질랜드인, 스티브 데이비스(Steve Davis)와 라이닐 싱어(Rajneel Singh)가 영화 매트릭스(The Matrix)에 찬사를 보내는 짧은 영화를 하나 만들었다. 그들은 싸구려 소니 핸디캠(Handycam)으로 아마추어 배우를 캐스팅하여 열정적으로 영화를 만들었다. 그들은 자신들의 창조성을 전달하고 싶어 참을 수 없었던 헌신된 사람들이었다(두 사람은 바우만이 말한 윤리적 공동체의 하나로 볼 수 있다.).

800 달러(뉴질랜드)의 비용을 들여 두 사람은 화니매트릭스(Fanimatrix)라 이름 붙여진 15분짜리 웹 전용 단편 영화를 만들었다. 그들은 어도비 소프트웨어로 한 겨울의 오클랜드를 미래의 도시로 바꾸어 놓았다. 싱어는 "우리는 사람들에게 싼 값으로 이 영화를 제공하겠지만 이것을 싸구려로만 보지 않았으면 좋겠어요. 왜냐하면 우리는 이 영화를 제대로 만들려고 노력했기 때문입니다." [27]

그들의 희망사항은 실현되었다. 인터넷 채팅을 통해 첫 5일 동안 이 영상물을 내려 받아간 횟수가 70,000건이 넘었다. 인터넷은 쐐기 공동체의 급속한 발전을 가져왔다. 뉴질랜드의 유력 신문은 이렇게 말했다.

> 그렇게 많은 사람이 그 영화에 열광한 것을 보면, 아마도 사람을 모아 놓은 축제를 통해 알려지는 것보다 단 5일 동안만이라 할지라도 인터넷을 통해 노출된 것이 더 주효했던 것 같다. 영화를 디지털로 녹음하고 편집한다는 것은 영화 산업에 있어 혁명적인 일이고, 적은 비용으로 양질의 영상을 제작할 수 있게 한다. 또한 점차 웹(Web)이 대안적인 영화배급 통로로 기능하는 경우가 많아지고 있다. [28]

그렇다면 신흥교회는 70,000명이 공짜로 내려 받기 원할 만큼 매력적이고 훌륭한 영상물을 만들 수 있을까? 현대 기술이면 우리의 생각을 영상으로 만들어 선교적 기회가 되도록 신속하게 유포하는 것은 별로 어려운 일이 아니다. "포스트모던 수도원"의 발전은 이러한 선교적 열망을 가지고 있다. 기독교 텍스트를 전해 주고자 창조적으로 애쓰고 있는 사람들, 영적으로 충만하고 헌신된 사람들이 그러한 열망과 꿈을 가지고 있다.

레너드 스윗(Leonard Sweet)은 주일 학교 운동이 18세기 산업

---

27) "Viewers rush for net flick." *New Zealand Herald*, 03.10.2003, by Richard Amatatua, www.nzherald.co.nz/storydisplay.cfm?storyID=3526734&thesection=technology&thesubsection=general&thesecondsubsection=
28) Ibid.

사회의 시기에 일어났다고 지적한다.[29] 그때는 문맹률이 매우 높은 때였다. 그래서 주일 학교는 단지 복음만 전한 것이 아니고 아이들에게 글과 교양을 함께 가르쳤다.

소위 '연말 시상식'을 통해 학생들의 배움의 열망은 더욱 강화되었고, 축하의 의미로 책을 선물함으로써 학생들을 자극했다. 당시의 책값을 고려하면 책을 준다는 것은 교육적으로 매우 유익한 것이었다. 오늘날 교회가 개근을 한 학생에게 컴퓨터를 선물하는 것과 맞먹는 엄청난 것이다. 18세기 주일 학교는 매우 비싼 자원을 학생들에게 제공했고, 아이들이 자신들의 한계를 넘어서 기어 올라갈 수 있도록 용기를 주었다.

마찬가지로 포스트모던 수도원은 디지털 경계를 가로질러 사람들이 신앙의 삶으로 넘어 들어 올 수 있도록 도울 수 있을까? 많은 신흥교회들이 인터넷을 통해 대중에게 다가가려고 노력한다. 하지만 기술을 사용함에 있어서 우리는 우리가 차가워지기 위해서 차가운(cool) 기술을 주목하는 것이 아니라는 사실을 유의해야 한다. 바로 '켈스의 서'(The Books of Kells)가 단지 텍스트를 보전하려고만 한 것이 아니라 미적 작업을 통해 하나님을 경배했던 것처럼, 또한 주일 학교가 성경 이야기를 단지 읽는 기술만을 가르치려고 들려준 것이 아니고 영적인 훈련을 함께 가르쳤던 것처럼, 그렇게 신흥교회도 기술을 더 큰 목적(end)을 위한 수단으로 사용해야만 한다. 하나님과 동행하는 삶으로 초대하는 방편으로 기술을 활용해야 한다.

영적이면서도 선교적이기 위해서는 포스트모던 수도원이 물리적인 공간의 땅을 딛고 서는 것이 좋겠다고 생각한다. 가상 세계가 초기의 쐐기 공동체를 제공해 줄 수는 있지만, 윤리적 공동체의 인간의 관계를 위해서는 물리적인 공간을 마련해야만 한다.

---

29) Len Sweet, Christchurch, 2001.

고대에 그랬던 것처럼 포스트모던 수도사들도 기도의 일과를 수행할 수 있어야 한다. 자신들의 임무가 단지 모니터 안에서 제한적으로 이루어지는 것이 아니고, 더욱 광범위한 영역에서 시도되어야 한다는 것을 분명히 알아야 한다. 매일 영성을 나누며 이러한 일을 확인해야 한다. 포스트모던 수도원은 사람, 창조, 그리고 하나님에 대한 인정과 존중을 통해 그 형태를 갖춰 나간다.

그것을 자신들의 우선적인 선교적 임무로 인식하는 신흥교회들은 먼저 "수도사들"의 공동체를 세워야 한다. 단지 책을 필사하듯이 단순 반복의 기술자가 아니고, 웹 디자인(Web design), 영화제작, 그래픽 디자인(graphic design) 등의 지식을 가진 이들과 같은 사이버 수도사들의 모임이다. 어떤 이들은 파트타임(part-time)으로, 어떤 이는 비정규적으로, 어떤 이는 전임 사역자로 일할 수 있다. 수도사들은 어느 정도의 재정을 확보하기 위해서 상업적 사업을 할 수도 있다. 진정성이 있으면서도 별로 비용이 들지 않은 창조적 작업을 위한 수익 사업은 허용될 수 있을 것이다. 하지만 그렇게 작업한 결과물은 전 세계에 무료로 배포될 것이다. 수도사들은 이웃과의 관계를 형성하기 위해 이웃 십대들에게 첨단 기기의 사용이나 기술 공유를 허용할 수 있다. 이런 일들을 통해 자신들의 영성도 개발할 수가 있는 것이다.

포스트모던 수도원들은 루어만(Luhrmann)의 세계(포스트모던 세계를 의미, 역자 주)에 많은 것을 제공할 수 있다. 그 수도원들은 윤리적 공동체들로서 기도를 통해 동참자들의 영적인 발전을 진지하게 도모한다. 그들은 자신들의 기술을 동원하여 디지털 문맹자들을 가르치고 하나님의 정의를 실천한다. 그들은 창조력을 발휘하여 만든 수준 높은 영적 결과물을 인터넷 세상에서 자유롭게 퍼가도록 허용하여 사람들의 시선을 붙잡는 쐐기의 구실로 활용한다. 오늘 우리 시대의 기술은 고도로 발전하였고, 그것을 잘 활용하면 기독교의 생명력을 창조적으로 전달할 수 있는 선교적 가능성은 얼마

든지 발견할 수 있다.

선명한(well-lit) 길로 안내하기

어떤 의미에서 교회는 쐐기 공동체이면서 동시에 윤리적 공동체이다. 하나님의 사랑은 윤리적 공동체 안에서 이루어지는 윤리적 훈련을 요구한다. 쐐기 공동체라 할지라도 거기서 그 사랑을 조용히 탐험해 볼 수 있는 기회가 제공되어야 한다.

하지만 신흥교회의 다양한 형태는 쐐기 공동체나 윤리적 공동체 둘 다의 형태를 대략적으로 수용하고 있다. 가정교회에서는 깊은 나눔의 관계성을 형성하는 것이 가능하지만, 외부인이 참여하기는 쉽지 않다. 예술적 모임이든 주간 참여적 형태이든 대안적 예배는 쐐기를 제공할 공간을 창출해 내면서 영적인 형태의 모임을 제공하지만, 사람이 다른 사람에게 연결되는 관계적 통로가 분명하지 않을 수도 있다. 축제적 영성은 쐐기 공동체와 윤리적 공동체 둘 다 창출할 수 있으며 더 진전된 탐험을 계속할 수 있도록 근거를 제공한다. 포스트모던 수도원은 윤리적 공동체를 제안하지만, 쐐기 공동체를 지속적으로 자극하기 위해 세속적인 경영 기법들이 필요할지도 모른다.

영적 여행(spiritual tourism)의 은유는 여행자들이 영적인 순례의 길에 올라 있음을 상기시켜 준다. 어떤 이들은 경험적이어서 쐐기를 박기 위한 공간을 필요로 하고, 또 다른 이들은 실험적이어서 하나님의 몸의 통전성(integrity)과 깊이에 무게를 실으려 한다.

그들이 택한 루트(route)가 무엇이든 영적인 여행을 잘 수행하기 위해서는 그 길을 잘 보여줄 통로가 필요하다. 그 통로에는 이러한 조건들이 충족되어야 한다.

* 다음 단계에 대한 정보를 자세히 알 수 있도록 안내된 라벨(labels)이나 리플릿(leaflets)이 제공된다.

* 정체성이 명확한 숙련된 가이드. 이들은 다음 단계를 어떻게 취할 것인가에 대해 기꺼이 즐거운 마음으로 안내한다.
* 정보적인 가치가 있고 상호작용적인 웹사이트(쐐기형 사람들은 최근에 정보를 찾기 위해 인터넷을 접속하는 경향이 점차 강해지고 있다.)
* 교회 개척가 마이크 프로스트(Mike Frost)가 '근접 공간(proximity space)'이라 부른 장소, 즉 "우리가 아직 예수 그리스도를 따르지 않는 이들과 접촉할 수 있고 만날 수 있을 장소" [30]를 의도적으로 개발하는 것. 이는 카페와 같은 공식적 모임이나 운동 클럽, 직장, 대학, 도서 모임 등의 비공식적 모임을 포함할 수 있다.

기독교는 그리스도의 몸과 하나님 안에서 정의(justice)와 의(righteousness)라는 윤리적 삶의 기준을 가지고 장기간 관계를 맺으며 살아가는 것이 그 핵심이다.

---

30) www.livingroom.org.au/blog/archives/p_is_for_emerging_missional_church.php

신흥교회의 유형	쐐기 공동체	윤리적 공동체	선명한 길로 안내하기 위한 몇 가지 제안들
가정교회	가정을 사용하는 것은 쐐기 공동체를 형성하기 어렵다.	가정을 개방하는 것은 나눔과 친근함의 깊이를 보여주는 신호다.	다른 가정교회들과 한 달에 한번 함께 모이는 것이 선교적 접촉을 강화시킬 수 있다.
미로 모임 (labyrinth)	많은 이들의 접근이 가능하다. 아무리 많은 사람이 당신의 안내가 없이 미로를 걷는다 해도 상관없다. 개인화된 경험을 제공하라.	공유된 헌신을 기대하지 않는다. 하지만 미로 모임을 기획하는 이들의 모임은 윤리적 공동체로 성장할 수 있다.	영적 정향. 미로의 영성에 대한 토론. 미로를 재창작할 수 있는 창조적 공동체를 형성하기
예술적 모임	쐐기를 제공하기에는 안성맞춤의 장소이며, 개인적인 예배의 경험을 공유할 수 있다.	예배를 준비하고 계획하면서 엄청난 영적인 성장을 경험하는 내부 핵심 사역자들. 이들의 적은 우월주의나 탈진이다.	예배의 경험을 나눌 기회. 참여도를 높이기 위해 공적인 장소에서 갖는 미래 예배에 대한 기획 모임
주간 참여 공동체	쐐기를 박기 위한 좋은 모임. 개인적인 경험을 나누고 다른 사람의 삶을 듣는다.	주간 참여적 공동체는 타인과의 연대를 권장하고, 윤리적 공동체 안에서의 나눔의 가능성을 높인다.	각 부분의 전략을 위한 모임을 지속적으로 제공. 삶을 나누는 주간 모임. 초신자를 편하게 해 줄 수 있는 공간의 열정적 창출
축제적 영성	다양한 선택이 가능한 축하의 자리를 즐겨라.	축제에 참여하는 모임들은 윤리적 공동체일 것이다. 그 축제를 준비한 이들일 것이다.	영적 생산물의 공급. 공동체를 세우기 위한 인터넷 접속. 축제 후에도 여러 도시에서 지속적으로 만나는 모임들
포스트모던 수도원들	"수도사들"에 의해 창작된 "상품"을 내려 받으라. 워크숍이나 훈련에 참가하라. 첨단기술을 적극 사용하라.	창조성, 기도, 하나님나라의 깊이를 공유하는 윤리적 공동체에는 엄청난 잠재력이 있다.	공동체의 계획과 조합된 전체 계획. 훈련 종료를 축하하고 다음 단계를 제안하기 위한 모임

더 참고하면 좋을 책들

Ashley Barker, *Collective Witness: A Theology and Praxis for a Missionary Order.* Urban Neighbours of Hope, 2000. (Box 89, Springvale, Victoria 3171, Australia.)

Zygmunt Bauman, Community: *Seeking Safety in an Insecure World.* Cambridge: Polity Press, 2001.

Pete Ward, *Liquid Church.* Peabody, Mass: Hendrickson; Carlisle, UK: Paternoster, 2002.

— /This Space for Correspondence

안녕하세요? 여기는 뉴질랜드의 오클랜드입니다. 저는 오늘 시티사이드 교회에 갔었습니다. 곧 성탄절이었는데, 아주 멋진 비디오 영상을 볼 수 있었고 문에 들어서자 밝게 빛나는 대강절 촛불이 반짝였습니다.

커피 한 잔을 받아들고 푹신한 의자에 앉았습니다. 짧은 환영의 인사와 함께 조안 오스본(Joan Osborne)의 노래 'one of us'가 흘러 나왔습니다. 그 노래의 가사에 담겨진 질문은 정말이지 성탄절이 다가오고 있던 그때에 아주 적합한 질문이었습니다. 우리 중 한 사람이 하나님이셨다니 무슨 뜻인가?

그 질문이 우리 귓전을 여전히 맴돌고 있을 때, 예배 인도자가 예배에로의 부르심과 응답으로 초대했고, 사도신경의 각 부분을 회중들이 함께 챈트(chant) 형식으로 부르며 고백하였습니다. 이것이 신흥교회가 바로 DJ처럼 기능하며 예배를 드리는 모습이 아닐까요? 비디오 이미지들과 현대 음악, 그리고 고대 챈트 음악을 샘플링(sampling, 필요한 소스를 여기저기서 추출하는 작업, 역자 주)하고 믹싱(mixing, 여러 음원 소스를 혼합하여 새로운 음원을 만드는 작업, 역자 주)하여 아주 신선하고 새로운 예배 형식을 창출하고 있는 것입니다.

Post Card
This Space for Address only
COMMEMORATIVE SERIES 1901.
UNITED STATES OF AMERICA
POSTAGE FIVE CENTS

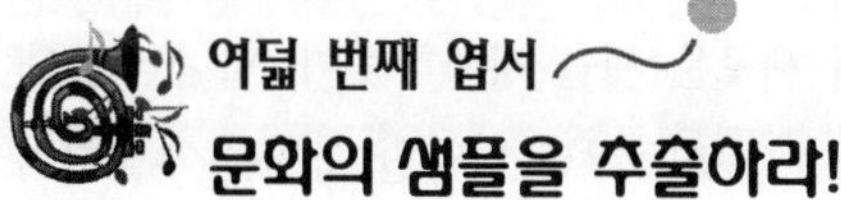

문화의 샘플을 추출하라!

지역 라디오 쇼와 나눈 대화를 생각하면서 나는 카페에 앉아 있었다. 당황스러운 질문으로 시작한 방송 진행자는 끝까지 나에게 당황스러운 질문을 던졌다.

지역 방송사와 약 5분간의 인터뷰를 하기로 되어 있었다. 그 자체로 매우 흥분되는 사건이었다. 그 당시 우리는 대중 가수 모비(Moby, 뉴욕 태생의 가수로 철저한 기독교 신앙으로 유명하다. 역자 주)의 노래를 예배 중에 활용하여 드리는 예배를 계획하고 있었다. 이에 대해 방송사의 관심사는 우리의 예배가 그들이 가진 문화적 궁금증의 가려운 부분을 긁어주고 있었음을 말하는 것이었다. 어떤 의미에서는 그 예배는 우리 사회를 향한 선교적 목적이 반영한 것이었다.

하지만 우리가 이야기를 시작하자 5분의 예정 시간이 10분이 지났고 결국 20분이 되어 버렸다. 사회자도 노력했겠지만 뜻대로 되지 않았다. 사회자는 모든 그리스도인이 대중문화와 멀리 떨어져 있기를 원하는 폐쇄적 고립주의자라는 편향된 시각을 보여주기 원했던 것 같다. 그래서 그는 우리가 왜 모비에 관심을 갖는지 이유를 알기 원했다. 그는 최근 모비의 성적인 스캔들에 대한 소문을 들었다고 했다. 그 사실이 우리에게도 아픔이 되었는지 물었다. 사회자의 입장은 매우 고정되어 있었다. 기독교는 도덕과 같은 것으로 인식된다. 그래서 그 사회자는 모비를 문제 삼았던 것이다. 기독교가 도덕과 같은 것으로 논의되기 때문에 사람들을 교회 안에 묶어 놓는 좋은 구실이 되는 것은 혹시 아닌가?

이러한 대화를 곰곰이 생각하면서 나는 그에게 영적인 DJ에 대해 말했어야 했다는 것을 깨달았다. 마치 음악 DJ가 다른 음

사이버 공간 에엄치기
다음 사이트를 방문하여 즐겨 보라.
www.artofthemix.org

원에서 샘플을 추출하여 새로운 것을 창출하듯이, 하나님에 대한 새로운 이해를 위해서는 문화로부터 다양한 자원을 추출하여 (sampling) 교회에 대한 새로운 인식을 가져야 한다는 것을 말했어야만 했다. 모비가 가진 강력한 환경에 대한 관심, 영적인 구도자의 정신 등이 복음에서 가르치는 것과 다르지 않다는 것과 우리가 그리스도를 따르려 할 때 매우 값진 사례로 기능할 수 있다는 사실을 말했어야 했던 것이다.

복음과 문화의 리믹싱
(remixing, 주로 리듬 부분을 강조하기 위해 다시 편집하여 녹음하는 기술을 가리키는 음악 용어, 역자 주)

샘플링(sampling)

하나의 공동체로서 우리는 오늘 우리 시대의 문화를 악한 것으로 보거나 의문의 대상으로 여기지 않고 재구성하여 즐기고, 성찰하고, 참여하고 싶은 대상으로 여긴다. 그래서 우리는 어떤 걱정이나 변명도 하지 않고 오늘의 영화나 음악, 경험 등을 예배에 사용한다.
– *마크 피어슨(Mark Pierson)*

복음과 문화는 신흥교회(the emerging church)의 핵심에 놓여 있다. 나는 누굴 만나도 신흥교회에 대해 이야기하고 예배의 대안적 형식에 대해 대화한다. 혹시라도 복음에 물을 타서 그 정체성을 약화시키는 것이 아니냐는 도전적인 질문도 있다. 그런 질문은 교회가 문화에 동화되고 문화가 교회를 접수하는 일이 벌어질지도 모른다는 걱정에서 나온다.

이것이 내가 지금 싸우고 있는 이원론(dualism)이다. 이것은 신흥교회가 놓인 시대적 정황(context)에 어울리지 않으며 오늘날 동시대적 삶에 대해서도 조화를 이루지 못한다. 그리고 이 장에서 내가 다루겠지만, 그러한 도전은 결정적으로 성경의 정황에 대해서도 조화를 이루지 못한다.

우리가 살고 있는 세상은 복음과 문화 사이의 관계성에 대해 새롭고도 신선하게 이해할 수 있는 방법을 제시하라고 요청하고 있다. 말씀이 육신이 되어 오신 예수님은 문화의 한가운데에서 사셨고 사랑하셨다. 그는 그를 따르는 이들에게 아주 익숙한 문화적 도구들을 일상적으로 사용하셨다. 그는 결혼식에도 참여하셨고, 축제와 연회에도 가셨다. 그 공동체 가운데서 자신을 드러내셨다. 오늘날 우리의 임무는 포스트모던 환경에 맞게 육신화된 예수님을 만나는 것이다. 하나님의 성육신 사건은 하나님이 만드신 이 세계로부터 그 샘플을 추출하라고 요청한다. 이것이 신흥교회가 늘 성찰해야 할 선교적 사명이다.

대안적(alternative) 예배는 이 선교적 사명을 진지하게 받아들일 때 발생하는 여러 사례들을 혼합하여 섞으면 그 모습을 어렴풋이 알 수 있다. 내가 몇몇 교회에서 본 시각적 이미지와 그래픽들은 대단한 것이었다. 지그재그 모양으로 된 붉은 색 가시 전선에 에칭(etching)으로 부식시킨 십자가들, 천정에 매달린 얼음 덩어리, 촛불이 떠다니는 검은 색 폴리에틸렌 연못, 창조 세계의 대자연 위에 그리스도의 이미지를 투사한 슬라이드(slide) 등 모두 창조적 테이크아웃(takeout)의 영성을 인상적으로 보여주었다. 사실 진정한 대안적 예배를 위해서는 사람보다 더 많은 TV 스크린이 필요할지도 모른다는 농담도 있을 만큼 시각적 효과가 중요하게 사용된다. 하지만 시각적 효과와 이미지 뒤에 있는 진정한 메시지는 복음과 문화에 대해 아주 섬세하고도 성경적인 포스트모던적 응답이라고 나는 믿는다.

이것이 포스트모던 문화 속에서 육신이 되신 말씀이다. 이것이 하나님의 형상으로서 그리스도를 받아들이는 것이다(골 1:15). 이것은 그리스도와 문화 중 양자택일의 문제가 아니다. 그것은 문화 속(in)에 형상화된 그리스도를 받아들이는 것이다. 전복(subversion)과 저항(resistance)을 허용하면서도 이미지를 통해 그 표현들이 상호 연관되어 있음을 실제적으로 알리려는 선교적 노력인 것이다. 이것을 문화적으로 또 성경적으로 설명해 보자.

복음과 문화의 DJ

만약 당신이 어떤 클럽의 정규 회원이라면 이 부분은 그냥 지나

고리(loop) 만들기

모비의 앨범 플레이(Play)는 매우 훌륭한 사례이다. 나는 그 앨범이 출시되자마자 구입했다. 나는 캘리포니아(California)에서 열린 침례교 청년 캠프의 강사였는데, 내가 담당한 디지털 스토리텔링(storytelling) 시간에 사용할 음악을 모두 그 앨범에서 선택했었다. 나는 모비 앨범의 각 트랙에서 샘플을 취했고, 그것을 내 비디오 영상과 연결하기 위해 연결고리를 뽑아내었다. 그렇게 추출된 샘플들은 기존 음악의 연속성을 끊어 주위를 환기하고, 가사를 분리하기에 가장 좋은 방식인데, 이렇게 얻은 음악은 훌륭한 배경음으로 쓰일 수 있다. 이것은 많은 자원(source)으로부터 폭넓게 샘플을 추출하는 DJ 모비의 방식이기도 하다. 이렇게 해서 모비와 함께 내가 원하는 음악을 만드는 작업, 즉 또 다른 샘플링 과정을 진행하게 된다. 나는 모비의 음악에서 추출한 음원을 연결고리(loops)로 삼아 새로운 고리를 만들어 내 비디오의 연결고리에 걸었던 것이다. 이것이야말로 연결고리를 만들어 가는 DJ의 작업을 제대로 보여주는 것이 아닌가?
– 앤드류 존스(*Andrew Jones*)

쳐도 좋다. 새로운 소리를 만들어 내기 위해 두 장의 CD 플레이어를 사용하거나 턴테이블을 사용하는 것이 DJ가 기본적으로 하는 일이다. 관객의 분위기와 감정을 연결시켜 유연한 하나의 패키지로 만들기 위해 음원 샘플을 추출하고, 적합한 음조를 선택하여 조합하는 것이 그 작업의 최고 묘미이다.

예를 들어, 모비의 앨범 '플레이(Play)'는 1930년대 아프리카 미국인(African-American)의 블루스(blues)와 재즈(jazz)에서 따온 음악을 기본으로 제작되었다. 모비는 샘플을 추출하고자 하는 원음의 전체 문맥에서 몇 부분을 따로 떼어내고, 다른 음악에 결합시켜 새로운 어떤 것을 창출한다.

DJ가 된다는 것은 이러한 믹싱(mixing)과 샘플링(sampling)과 같은 행위를 예술적으로 즐기는 것이다. 원음에서 샘플을 추출하고, 다시 그것을 원하는 다른 음악의 문맥 안으로 끼워 넣는 것은 일련의 새로운 의미를 창출하는 것이다. 그렇게 추출된 샘플은 메시지를 강화하고 확장하는 데 사용될 수 있다. 그렇게 하면 그 음원이 가지고 있던 기존의 이데올로기를 전복시키거나 깨뜨리는 동시에 역설적이면서도 새로운 의미를 만들어 낸다.

2003년 뉴질랜드의 한 지역 방송사는 온천에 앉아 있는 한 스포츠 전문 남성 캐스터를 내세웠다. 말없이 비키니를 입고 서 있는 두 명의 여자 사이에서 그는 스포츠 뉴스를 진행했다. 나는 이 이미지를 샘플링하여 DJ처럼 활용하기로 마음먹었다. 먼저 온천 주위에 그 날의 예배 주제에 관련된 성구를 눈에 띄게 설치해 놓았다. 온천 한가운데에서 두 남성에게 둘러싸인 한 여성이 이 성경구절을 읽으면 그 성경구절이 비디오로 벽에 투사되도록 했다. 목적은 스포츠가 남성의 전유물이라는 생각을 뒤집고 생수(living water)이신 예수님의 메시지를 잘 설명하기 위해 문화로부터 샘플을 추출한 것이었다.

예배 중에 그 비디오를 본 사람들은 놀라워했다. 예배와 매우 긴

밀하게 연관된 영상들이었기 때문에, 사람들은 그것을 통해 문화와 성경 둘 다에 대해 깊은 인상을 받을 수 있었다.

두 번째 엽서에서 나는 중고 옷가게에서 구입한 것으로 새로운 패션을 만들어낸 내 헤어드레서(hairdresser)에 대해 이야기했었다. 미셸 드 세르토(Michel de Certeau)의 기본 원리를 보여주는 것으로 나는 그 이야기를 사용했었다. 전략(strategies) : 단체가 현실을 조직하는 방법-과 전술(tactics) : 사람들이 실제로 이러한 전략을 실행하는 것-에 대한 그의 생각은 사람들이 어떻게 자신들의 관심사에 따라 지배 문화를 변형시키는지를 보여주는 것이다.

이 원리를 DJ의 작업에 적용하면 우리는 샘플링의 전술이 지배적인 질서의 전략들을 확장, 변화, 혹은 파괴할 수 있다는 것을 알 수 있다. DJ는 레코드 회사의 전략을 변형시키는 전술로 "일한다." 앞서 언급된 샘플링 은유는, 문화적 재료(여기서는 음악)도 아니고 최초 제작자도 아닌 사용자들(여기서는 DJ)이 행하는 음원 조작(manipulation)작업에 관심을 집중하는 세르토의 입장과 동일한 강조점을 갖는다. 하나의 샘플을 삽입하는 것은 리듬의 흐름을 강화하거나 부각시키거나 확장시킬 수 있다. 또 그 삽입으로 인해 가사의 원의미가 전복되지만 거꾸로 그 원곡의 의미를 느낄 수 있게 되기도 한다. 결국, 음원 샘플들은 다른 곡에 끼어들어가 충돌하는가 하면 또 그 곡에 대한 새로운 이해를 창출한다.

전략과 전술이라는 개념은 복음과 문화의 관계에 대한 이해하는 또 다른 접근방식을 제안한다. 오늘의 문화로부터 분리되거나 혹은 동시대 문화에 동화되는 양자택일의 방식이 아니라, 이 두 가능성을 모두 넘어가는 새로운 가능성을 제안한다. 신흥교회는, 루어만(Luhrmann)의 세상에서 교회로 존재한다는 것, 선교사가 된다는 것, 그리스도인이 된다는 것이 무엇을 의미하는지에 대해 창조적이며 변혁적인 방식으로 그 의미를 제시하기 위해 복음적 삶과 문화적 자원들이라는 두 기둥으로부터 샘플링을 하고 있다. 대안

DJ 팻보이 슬림

(fatboy slim, 영국의 솔로 가수, 역자 주) "내가 가지고 노는 것 중 대부분은 여전히 샘플들이다. 그 중 대부분은 내 앨범에 전혀 사용되지 않는다." 그에 대한 소개는 다음을 참고하라. *vintagesynth.org*

적 예배에서 활용하는 시각 효과와 그래픽, 그리고 찬트(chant)와 비디오의 믹싱(mixing)은 문화에 대한 독특한 기독교적 샘플링의 한 사례이다.

텍스트의 구조(textures)

음악 샘플링에 대한 생각은 비교적 새로운 것이지만, 기독교인이 수세기 동안 문화에 대한 DJ의 역할을 해왔다는 것은 자명하다. 베드로전서를 잘 읽어 보면 특별히 가족 윤리에 대해 그가 적용한 부분에서 우리는 베드로가 그 당시 DJ와 같은 역할을 수행했음을 알게 된다. 그는 당시의 문화와 예수님의 삶의 방식으로부터 원리를 추출하면서, 때로는 동등하게 병치시켜 비교하기도 하고, 때로는 그 의미를 완전히 새롭게 하고, 때로는 확장시키기 위해 그 둘을 섞어 놓는다. 그것은 이제 "하나님의 백성"이 된 이 예수 공동체의 신앙을 지켜내기 위한 노력이었다.

베드로전서 3장 1-7절을 읽어 보자.

아내들아 이와 같이 자기 남편에게 순종하라. 이는 혹 말씀을 순종하지 않는 자라도 말로 말미암지 않고 그 아내의 행실로 말미암아 구원을 받게 하려 함이니 너희의 두려워하며 정결한 행실을 봄이라. 너희의 단장은 머리를 꾸미고 금을 차고 아름다운 옷을 입는 외모로 하지 말고 오직 마음에 숨은 사람을 온유하고 안정한 심령의 썩지 아니할 것으로 하라. 이는 하나님 앞에 값진 것이니라. 전에 하나님께 소망을 두었던 거룩한 부녀들도 이와 같이 자기 남편에게 순종함으로 자기를 단장하였나니 사라가 아브라함을 주라 칭하여 순종한 것 같이 너희는 선을 행하고 아무 두려운 일에도 놀라지 아니하면 그의 딸이 된 것이니라. 남편들아 이와 같이 지식을 따라 너희 아내와 동거하고 그를 더 연약한 그릇이요 또 생명의 은혜를 함께 이어받을 자로 알아 귀히 여기라. 이는 너희 기도가 막히지 아니하게 하려 함이라.

고대 희랍 문화권에서는 결혼, 노동, 부모의 역할, 고용주 다루기 등을 언급할 때 소위 "가정법(household codes)"라는 문학적 형식을 사용했다. 그것은 당시 사회에서 통용되던 행동 양식으로 매우 정형화된 것이었다. 그런 점에 대한 사회적, 혹은 문화적 합의는 자연스럽게 이루어졌다. 즉 남편은 이러해야 하고, 부모는 저렇게 해야 하며, 노예의 주인은 이렇게 해야 한다는 것 등에 대한 공동의 합의가 있었다.

이와 동일한 이야기가 신약에서도 나타난다.[33] 신약성경의 저자들은 그리스도인의 삶의 방식에 대해 진술할 때 늘 그런 방법으로 말했다. 하지만, 베드로는 전혀 새로운 의미로 해석하기 위해 당시 문화권에서 익숙한 용어를 사용함으로써 그 법의 문화적 의미를 전복시켰다. 베드로전서 3장 1-7절의 말씀과 희랍의 가정법을 비교하면서 내 주장을 확인해 보자.

일반적 사회법으로서의 (희랍)가정법	베드로전서의 가정법
희랍의 가정법은 남자를 향해 말하는 것이었고, 여자는 단지 간접적으로만 언급된다.	성경의 가정법은 아내들을 향해 직접적으로 말하고 있다.
희랍의 가정법은 여자를 남자의 소유로 간주했다.	성경의 가정법은 여자가 남자에게 영향력을 행사할 수 있는 책임적인 도덕적 행위자로 묘사했다(3:1-2).
희랍 가정법은 마치 사회가 행위자를 감시하고 있듯이 행동하라고 권했다.	성경의 가정법은 마치 하나님께서 보고 계신 것처럼 그 앞에서 행동하라고 권했다(3:4c).
희랍 가정법은 아버지를 가정의 머리로 묘사하여 남성 중심의 가정관을 말했다.	성경의 가정법은 부부 모두를 "생명의 은혜를 함께 이어받을 자"로 말했다(3:7).

나는 최근 과거의 것을 열광적으로 샘플링하려는 우리의 시도가 혹시 미래와 진보에 대하 심취했던 근대주의로 인해 잃어버린 과거에 대한 향수 때문이 아닌가 하고 의심이 간다. 과거를 통해서 새로운 미래의 가능성을 살필 수는 있을 것 같다. 과거로부터 필요한 자원을 추출하는 것은 우리에게 현재와 과거에 걸쳐 전혀 다른 예술가들과 대면할 수 있는 긴밀한 공동체를 제공한다. 그래서 샘플을 추출하는 것은 그 샘플을 추출한 대상과 대면하게 되는 것을 의미한다. 그것은 오늘 동일한 이슈에 대해 갑자기 떠오르는 전혀 다른 생각, 소리, 이미지에 아주 신비하게 연결되는 시공간에서 자기 자신을 발견하게 되는 것이다. 샘플링은 과거로부터 단절되는 것이 아니다. 그것은 과거의 후손이 되는 행위이며 공동체에 대한 헌신을 표하는 것이다.
– 앤드류 존스(Andrew Jones)

사이버공간 헤엄치기

여러분이 인용하기에 매우 훌륭한 첫 번째 문장, ""복음"은 항상 사회적 환경 속에서 살아가는 방식을 전제한다. "두 번째 인용구," 그리스도인이 우리 문화 전체와 관련을 맺는 적합한 방식이 단 하나만 있는 것은 아니다. 받아들일 만한 수많은 방식이 존재한다. 물론 문화에도 거부, 파괴, 혹은 변혁의 다양한 측면이 존재한다."[32]

---

32) Miroslav Volf, "Soft Difference. Theological Reflections on the Relation between Church and Culture in 1 Peter." *Ex Auditu* 10 (1994), 15-30. 이 글은 다음의 사이트에서 찾아볼 수 있다. http://www.deepsight.org/articles/volf.htm

33) 에베소서 5:21-6:9; 골로새서 3:18-25; 베드로전서 3:1-7

이제 베드로전서 당시의 한 여성을 상상해 보라. 평생을 통해 그녀는 희랍 문화의 종교의식을 보고 들었다. 가정법은 평생 그녀를 열등한 시민으로 자리매김했다. 베드로가 가정에 대한 이야기를 하려고 했을 때, 아마도 그녀는 처음에는 늘 들어왔던 것을 또 말하겠거니 하고 생각했을 것이다.

갑자기 다른 소리가 그녀의 이름을 직접 부르기 시작한다. "아내들아, 이와 같이…" DJ로서 베드로는 바로 그녀에게 그 가정법을 직접 말한다. 아내들은 이제 남편들과 함께 동등하게 언급된다.

DJ로서 베드로의 리믹스(remix)는 계속된다. 단지 직접적으로 언급되는 것에 그치는 것이 아니고, 그녀도 남편에게 영향을 끼칠 수 있는 도덕적 행위자로 동등하게 대우받는다. 즉 "말로 말미암지 않고 그 아내의 행실로 말미암아 구원을 받게 하려 함이니"라고 언급함으로써 아내의 행실이 구체적인 도덕적 가치를 지닌다는 점을 분명히 한다. 베드로의 이러한 의미 확대는 당대에 실존했던 문화적 기성 규범들을 전복한다.

베드로의 리믹스는 계속된다. 결혼으로 맺어진 두 동반자는 "생명의 은혜를 함께 이어받을 자"이다. 거기에는 거룩한 관계의 상호성(mutuality)이라는 의미가 있다. 베드로의 가정법은 당시의 성별(gender) 관계를 완전히 무력화시킨다.

베드로는 DJ의 역할을 한다. 그는 문화적 DJ로서 당시의 문화적 혼합물과 완성품을 선택하여 변형시킴으로써 그 의미를 증폭시켰다. 그는 새로운 문화를 창출했고, 아내들을 남편들과 동등하게 올려놓거나, 혹은 상호적인 영적 관계로 바꾸기를 원했다. 비록 베드로의 어법이나 전달 스타일이 당대의 그것과 유사하고 오래된 방식이었을지라도 그는 매우 급진적이었다. 그는 여자들에게 직접 말했고 변혁적 힘을 부여했다. 어쩌면 그는 거의 페미니스트(feminist)였다고도 볼 수 있다. 그는 당시의 사회적 통념과는 전혀 다른 새로운 사회 윤리를 설파했다. 새로운 것을 전하는 베드로의 전달 방식은 문화적 비트를 사용하는 것이어서 대단한 힘을 발휘했다. 그의 작업은 복음과 문화를 샘플링하여 리믹스하는 고전적인 방법을 보여준다. 매일의 일상적인 관습을 변혁적이고 전복적이며 창의적인 방식으로 접근한다.

우리가 살아가는 세상은 베드로가 살던 세상이 물론 아니다. 우리의 세상은 훨씬 더 정교한 믹싱 기술이 필요할 것인데, 우리의 문화가 베드로 당시의 문화보다 훨씬 더 파편적이기 때문이다. 그래서 오히려 활용할 샘플이 더욱 많다. 많은 영화들이 다른 기존의 영화들을 참고하여 재미있는 장면들을 연출한다. 또 예전의 많은 인기가요들이 다시 리메이크(remake)되고, 고전적인 저음 비트를 배경으로 새롭게 구성된다. 그럼에도 불구하고, 베드로전서에서 보여주었던 베드로의 DJ 역할은 오늘날에도 많은 부분에 유효하게 적용될 수 있다.

베드로는 우리가 태어나면서부터 당연시 하는 많은 생각들, 메시지들, 규범들 속에서 살아간다는 것을 알고 있었다. 그런 것들은 우리가 거부하고 싶다고 해서 무시할 수 있는 것들이 아니다. 그래서 당대의 문화, 미디어, 메시지 등 당연시되는 그 모든 것들의 소리를 이해하려는 노력은 그리스도의 문화로 다른 이들을 인도하는 매우 적절한 첫걸음이 될 것이다. 우리가 그들의 삶 가운데 기꺼이 파고들어가지 않는다면, 주님의 복음을 이웃에게 전할 수 없을 것이다.

동시에 교회는 DJ의 역할을 진지하게 실천해야 하는데, 그 사회가 사람들에게 제시하는 규범들, 가정법들을 흔들어 변화시키고 전복시키고 재결합하고 재해석하는 일이 필요하다. 베드로는 자기 주장의 정당성을 위해 문화로부터 필요한 것들을 그저 끌어들인 것만이 아니었다. 그는 복음에서 샘플을 추출하고, 그 자신의 기본적인 상황과 섞어서 새롭게 조명했다. 그는 여자들을 향해 도전적인 선언을 했고, 그들의 행위가 그들의 남편을 변화시킬 수 있다고 말했다. 베드로는 문화적 도전을 시도했던 것이다. 이런 점이

기독교의 독특성이다. 기독교는 변혁을 지향한다. DJ 역할을 한다는 것은 바로 변혁적인 실천을 의미한다.

DJ로서의 베드로는 기독교 문화를 고립(isolation)시키지 말라고 요구하며, 동시에 문화적 동화(accommodation)를 극복하라고 말한다. 우리 문화의 어느 부분은 우리가 동의할 만하고 또 어떤 부분은 극복의 대상으로 여겨야 한다. 베드로전서에서 우리가 본 것처럼, 고립(보수적 기독교의 경향)이나 동화(자유주의적 기독교의 경향) 둘 다 적합한 대답이 아니다. 그것은 우리가 부르심 받은 대로 그 임무를 수행할 수 있는 선교적 교회가 되기 위해 문화의 리믹스(remix, 단지 혼합, 혼성이 아니라 새로운 것을 창조한다는 의미에서 최근 많이 사용되는 퓨전과 유사한 의미로 저자는 사용한다. 역자 주)를 기꺼이 받아들이는 것이다.

예배에서 DJ하기: 예비적인 대강절 의식

신흥교회에 대한 내 연구의 일환으로 오클랜드의 시티사이드 침례교에서 대강절[34] 예배를 위해 노래, 비디오, 기독교 찬트 등을 믹스(mix)하는 일에 참여했다. 그 경험은 현대 예배에서 어떻게 DJ의 역할을 할 수 있을지 알게 해 주었다. 여러분을 그 현장으로 안내해 보겠다.

방 안으로 들어가면 주위에 놓여진 6대의 TV를 보게 된다. 각각의 TV는 동일한 비디오 영상을 보여 주고, TV 아래에는 대강절 초가 빛나고 있다. (고대 의식의 관례는 대강절 4주 동안 매 주일마다 초를 하나씩 켜는 것이다. 그 초는 우리의 모임과 성탄을 향한 기대를 의미한다.) 비디오에는 첫 번째 촛불이 빛나고, 다음에 두 번째, 세 번째, 네 번째로 이어진다. 그리고 나면 처음과 반대의

---

34) 대강절은 성탄절에 그리스도의 오심을 기대하고 준비하면서 맞이하는 교회 절기이다.

순서로 영상이 시작된다.

사람들이 앉으면 다른 비디오 영상물이 나타나는데, 조안 오스본(Joan Osborne)의 "우리 중 하나(One of Us)"가 연주된다.

만약 하나님이 우리 중 하나였다면,
만약 마치 진흙과 같은 우리 중 하나였다면,
만약 집으로 돌아가려고 버스에 웅크리고 앉은
이방인 중 하나였다면 어떻게 되었을까?[35]

시각적(visual) 은혜
www.smallfire.org/
grace_fire.html

노래가 끝나면 예배 인도자가 이렇게 말한다. "이 노래의 질문에 하나님은 응답하십니다. '그래 나다. 나는 너희 중에 하나다.'"

그리고는 찬트(chant)가 시작되고, 그 찬양을 배경으로 다음과 같이 인도자와 회중이 대화한다.[36]

인도자: 공간이 만들어지기 전에, 세상이 시작되기 전에, 모든 인간적 이해를 초월하여, ... 하나님이 계십니다.

회중 찬양: 영광, 영광, 영광, 높은 곳에서 영광!

인도자: 시간을 시작하시고, 창조세계의 어머니가 되시며 모든 인간의 부모가 되신 하나님이십니다.

회중 찬양: 영광, 영광, 영광, 높은 곳에서 영광!

인도자: 그의 때를 기다리면서, 그의 길을 예비하면서, 바로 그녀를 예정하신 분은 하나님이십니다.

회중 찬양: 영광, 영광, 영광, 높은 곳에서 영광!

인도자: 우리는 한 하나님을 믿습니다.

---

35) Joan Osborne, "One of Us." *Relish*. Blue Gorilla/Mercury, 1995.
36) 나는 이것이 아이오나(the Iona, 켈트인의 종교적 중심지로 스코틀랜드 서쪽에 위치한 섬, 역자 주) 자료로부터 유래한 것임을 알게 된 것은 나중이었다. The Wild Goose Worship Group, *Cloth for the Cradle: Worship Resources and Readings for Advent, Christmas, and Epiphany.* Glasgow: Wild Goose Publications, 1997.

회중…… 그분은 하늘과 땅의 창조주시며 운행자이십니다.

예배를 위안 DJ

다른 교단의 기도서나 다른 나라에서 쓰이는 예배 기도의 사례들, 메시지가 있는 색다른 이미지들을 모아 자료집을 만들라. 그리고 고대의 깊은 맛을 내기 위해 역사적인 것들도 찾아보라. 그렇게 모은 고대의 지혜와 새로운 노래와 이미지들을 섞어보라.

회중 찬양 후에, 한 사람이 대강절 성화 앞으로 걸어 나온다. 그 안에는 다섯 개의 초가 있다. 네 개의 초는 대강절 4주를 의미하고, 나머지 하나는 그리스도가 오신 성탄을 의미한다. 아직 대강절 3주차이지만, 이미 2개의 초도 불을 밝히고 있다. 앞으로 나온 이가 점화용으로 가느다란 초에 불을 붙여 성화 위에 놓인 세 번째 초를 향한다.

비디오 영상을 샘플링하여 보여주고, 촛불이 빛나고, 노래와 확증, 그리고 찬트가 어우러진 이 예배는 DJ가 음악을 틀기 위해 준비하듯이 기획된 것이다. 찬트가 새로운 의미(어머니와 아버지로서의 하나님)를 전달하고, 전통적인 찬양(높은 곳에서 영광)이 원래의 음악적 상황과는 다른 분위기로 연주된다. 그런가하면 훨씬 더 오래된 샘플인 니케아 신조(Nicene Creed, "우리는 한 하나님을 믿으며…")의 일부분이 추가된다. 전통적인 찬송, 그리고 고대의 신조가 우리 시대의 언어들과 함께 리믹스된다.

나에게 그 경험은 말로 표현할 수 없을 만큼 큰 의미를 지닌 것이 되었다. 고대의 신조가 갑자기 살아나 오늘날 문화적 도전에 응답하였다. 기독교는 내가 살고 있는 대중문화의 질문에 대해서도 응답한다. 찬트, 찬송, 신조의 짧은 샘플들은 단지 내게 매력적인 것을 넘어 내가 다시 하나님을 향할 수 있도록 자극했다.

DJ와 같이 예배 인도자가 조안 오스본의 노래와 성육신에 대한 기독교적 이해를 섞어 놓을 때, 우리는 그것이 복음에 대한 새로운 이해를 창출할 수 있는 완벽한 샘플의 도구가 된다는 사실을 알게 된다. "만약 하나님이 우리 중 하나였다면?"이라며 조안은 냉소적으로 질문하지만, DJ는 "하나님은 우리 중 하나이시다."라고 확신에 찬 어조로 주장한다. 의식적(liturgical) 찬트의 가사들은, 버스 안에 앉아 있는 이방인으로서의 하나님이라는 오스본의 생각을 동반자이신 하나님으로 전복시킨다. 그 분은 우리에게 어머니요, 아버지요, 부모님이 되신다.

대강절 촛불과 같은 오래된 전통을 이 시대의 테크놀로지인 비디오와 함께 사용하면 그 원래의 의미가 확장된다. 전통적으로, 교회는 강림(Advent)의 의미를 두 가지로 생각했다. 그것은 아기 예수님의 오심과 종말에 승리의 왕으로 재림하심을 의미한다.

그래서 강림은 지나간 시작과 다가 올 끝을 지시한다. 역사 속에서 두 번 모습을 드러내실 분에 대한 것이다. 강림은 시공간의 직선적 개념을 바꾸어 놓는다. 그것은 한 번에 두 지점을 보도록 한다. 한 분을 두 가지 시간대에서 만나도록 한다. 미국은 여전히 일요일인데 당신이 비행기로 여행하면서 뉴질랜드인의 월요일자 블로그(blog)를 읽는 것과 같이 기묘한 것이다.

또한 시티사이드 교회가 채택한 비디오 영상들을 생각해 보자. 비디오 속에서 빛을 내고 있는 촛불은 모든 것을 다 보여준 것처럼 보이지만 그렇지 않다. 그 샘플은 연결 고리이기 때문에 또 다른 시작이 있다. 그러한 연결 고리로서의 비디오는 또 다른 시작과 맞물려 이어지면서 강림의 신비와 경이로움을 확장시킨다.

또 빛을 발하고 있는 대강절 촛불들이 TV를 통해 이번 주일 예배와 연결된다는 사실을 생각해 보라. 이제 비디오 영상이라는 연결고리는 역사적인 것이 된다. 하지만 이 예배에 참여하는 이들은 그 비디오 샘플 곁에 놓여 있는 세 번째 대강절 촛불을 현실 세계에서 보고 있다. 다시 시공간의 직선적 개념이 사라져 버린다. 촛불을 밝히는 행위가 고대 교회의 관습이라는 점을 생각해 보자. 비디오 샘플 속에서 그것들은 오늘의 방식으로 현재화된다. 과거와 현재, 고대와 오늘이 뒤섞인다. 이 예배를 통해 시도된 샘플링 작업은 우리가 익숙한 것들을 취하여 새로운 의미를 창출하고, 또 기존의 시각과 다른 방식으로 그 샘플을 바라볼 수 있도록 한다. 우리는 기대하지 않았던 것을 발견하게 될 것이다. 그래서 하나님이 세상에서 일하시는 방법을 새롭게 이해하게 된다.

이것은 복음과 문화, 둘 중 어느 하나를 택해야 하는 문제가 아니다. 이것은 근본주의(fundamentalism)와 같이 현대 문화에 저항하거나 혹은 문화에 순응하는 동화(assimilation) 중에 어느 하나를 선택해야 하는 문제도 아니다. 이것은 분명한 정체성을 가지고 복음과 문화를 변혁적(transformative)으로 리믹싱하는 DJ가 되라는 요청인 것이다.

선교적 DJ

샘플링과 믹싱 개념은 선교에 있어서도 그 함의하는 바가 매우 크다. 그러나 그것은 하나님을 영광스럽게 하기 위해 문화를 사용하였던 베드로의 사례를 진지하게 따랐을 때만 효과적일 수 있을 것이다. 그러자면 다음의 몇 가지를 명심해야 한다.

우리 문화로부터 고립되거나 우리 시대의 문화가 소통하는 방식을 무시하는 것은 비성경적인 것이다. 베드로전서의 힘은 당대의 문화와 조화를 이루고 있다는 점이다. 머리로는 문화를 긍정적으로 수용하면서도, 다리는 조심스럽게 두드린다. 이러한 방식은 베드로전서 모든 부분에서 동일하게 유지된다. 베드로가 그의 공동체를 세상에 거하는 이방인들(벧전 1:1)이라고 칭할 때, 그는 바벨론의 포로였던 하나님의 백성이 그곳의 문화 속에서 정원을 가꾸고, 집을 사고, 물건을 소비하며 삶을 영위했던 사례를 드는 것이다(렘 29:5-7).

삶을 리믹스하라. 신문을 예배에 가져가라. 커피와 머핀을 주면서 사람들에게 신문을 읽으라고 권하라. 그 신문의 뉴스에 대해 기독교적 관점을 가지고 나누고 싶은 이야기가 있다면 누구든 이야기할 수 있도록 초청하라. 찬양, 중보기도, 헌금을 위한 공간을 따로 만들어 두라. 자신에게 의미 있는 기사를 신문에서 찢어내 원하는

문화 속의 하나님

이 명제 뒤에는 하나님의 영이 세상 가운데 현재하신다는 신학적 입장이 숨어 있다. 그리스도인은 세상에서 하나님을 따르는 이들이다. 이 하나님은 민수기 22장에서 나귀를 통해 발람(Balaam)에게 말씀하셨던 그 하나님이시다. 또한 느헤미야 2장과 에스더 5장에서 이방 압제자를 통해 역사하셨던 그분이시다. 하나님은 우리 문화 속에 현존하신다.

공간에 놓게 하여, 우리 문화 속에 역사하시는 성령님의 음성에 응답하도록 초청하라.

문화와 동일해지는 것도 비성경적인 것이다. 베드로전서의 힘은 문화의 코러스 라인(chorus lines, 뮤지컬에서 주연배우와 코러스 사이를 구분하는 선, 역자 주)을 전복한다는 것이다. 바벨론에 포로로 잡혀간 하나님의 백성들은 그 문화 속에서 정원을 만들고 자신들만의 독특한 방식을 영위하며 살아간다. 또 성육신 사건 속에서 하나님은 문화를 구원하신다. 예수님은 성육신의 이 행위가 문화에 순응하거나 무조건 동의하는 것이 아니라는 것을 알려 주신다. 문화를 수용(embrace)하는 것은 곧 문화를 변혁하는 것이다. 그것이 바로 기독교적인 독특한 방식의 리믹스인 것이다.

이것은 조심스러운 이야기일 수도 있다. 나는 바울이 성령을 예수님의 영으로 이해했다는 사실을 상기해 보는 것이 도움이 된다고 생각한다. 그것은 바울이 독특하게 사용한 용어이다.[37] 성령(The Spirit)은 세상 가운데 계신다. 하지만 세상에는 수많은 영(spirits)이 존재한다. 내가 갈망하는 성령은 예수님의 영이며, 이는 기독교 복음에 있어서 매우 특징적인 점이다. 그것은 문화화된(enculturated) 리믹스이다.

이 DVD를 보세요

원 자이언트 립(1 Giant Leap, 팝음악 그룹, 역자 주)은 제이미 카토(Jamie Catto)와 던컨 브리지만(Duncan Bridgeman)이 더 깊은 연대를 위해 전 세계의 문화를 탐험하려고 만든 그룹이다.[38] 그들

---

37) "그리스도의 영(Spirit of Christ)"라는 용어는 로마서 8:9에서, "하나님의 아들의 영(Spirit of God's Son)"이라는 용어는 갈라디아서 4:6에서, 그리고 "예수 그리스도의 영(Spirit of Jesus Christ)"은 빌립보서 1:19에서 그 용례를 주목하여 살펴보라.
38) Duncan Bridgeman and Jamie Cato, *1 Giant Leap*. DVD, Palm Pictures, 2002.

은 DVD 싱글의 제목을 "내 문화 이야기(My Culture Sketch)"라고 붙였다. 앨범에는 아프리카 마을들, 나이트 클럽에 달려 있는 미러 볼(mirror ball), 그의 마오리 조상들에게 말하고 있는 조지 누쿠(George Nuku), 인공적 친구 혹은 친척과 같은 존재로서 TV를 변호하는 커트 보네거트(Kurt Vonnegut), 노래하는 맥시 재즈(Maxi Jazz)와 로비 윌리엄스(Robbie Williams), 예수님의 말씀에 대해 토론하는 데니스 하퍼(Dennis Hopper), 그리고 자랑스럽게 자신의 정체성을 밝히는 쟈니 클렉(Johnny Clegg) 등이 등장한다.

이 DVD를 볼 때, 얼마나 많은 문화적 영향들이 서로 교차하고 있는지 주목해야 한다. 연필을 가지고 등장하는 문화적 영향들을 그림으로 그려 보라. 아프리카인, 클럽 만들기, 마오리족, 영어, TV. 그리스도인으로서 우리는 많은 문화가 서로 교차하는 가운데 영향을 받고 산다. 만약 우리가 그 영향을 잘게 썰어 구체적으로 파악할 수 없다면, 그것들은 우리를 압도해 버릴 것이다.

당신의 삶을 이렇게 리믹스하라. "TV에 너무 가까이 앉지 마라."라는 제목으로 예배 프로그램을 진행해 보라. 당신의 공동체 회원 중에서 누가 가장 TV를 많이 보는지를 알기 위해 TV 프로그램 제목 알아맞히기 퀴즈 놀이를 해 보라. 그리고는 구원 공동체로서의 그리스도인들이 어떻게 TV를 시청해야 하는지 그 관점에 대해 대화할 시간을 가져보라.

DJ 하기(DJ-ing)는 문화를 더 먹기 좋게 한입 거리로 만든다는 것을 의미한다. 근대주의 사고방식은 세상을 하나의 전체주의적 관점으로 볼 것을 강요했다. 예컨대 제파렐리(Zeffarelli) 감독의 〈로미오와 줄리엣〉에서 등장하는 영국 남성의 목소리처럼 말이다. 하지만 루어만(Luhrmann)의 영화에서는 빠른 속도로 지나가는 이미지와 텍스트, 그리고 흑인 여성 아나운서의 목소리가 포스트모던 시대가 왔음을 알게 해 준다. 그것은 유일한 어떤 한 문화가 급부상하고 있다는 것을 의미하는 것이 아니고, 많은 문화들이 빠른 속도로 새롭게 등장하고 있다는 것을 말한다.

우리 시대의 문화를 포스트모던 문화라고 말한 이는 리오타르(Jean Francis Lyotard)였다.[39] 그는 복잡하고 유동적인 "관계의 구조(fabric of relations)"로서의 사회에 대해 이야기했다. 그가 말한 유동적 사회가 루어만 감독의 세계에서 마치 DJ가 샘플링하듯 화면에 등장한다. 미로스라프 볼프(Miroslav Volf)는 "그리스도인의 차이는 언제나 크고 작은 저항과 거부를 동반했고, 일탈(divergences)과 전복, 그리고 때로는 다소간의 급진적인 대안들과 함께 드러나고, 그것은 많은 문화적 도전들을 수용하면서 가능해진다. 그 어디에도 문화를 하나의 전체로 파악하는 적합한 단 하나의 방식, 또는 지배적인 방식은 존재하지 않는다. 우리는 다만 수용하고, 변혁하거나 내부에서 기존의 문화를 대체하는 다양한 방식들을 통해서만 그것을 나타낼 수 있다."[40]

복음과 문화의 관계는 다원성(plurality)으로 말할 수 있다. 일상 생활에서 잘게 쪼개어 먹기 좋게 수집하여 놓은 다양성을 의미하는 것이다. DJ의 이미지는 이러한 잘게 썰린 문화에 접근할 수 있는 길을 제공한다. 집과 차를 구입하는 것, 영화, 비디오, 음악을 선택하는 일, 동정과 우정을 표하는 일 등의 구체적인 실천 사례들을 샘플링하는 것이다. 우리는 이 시대에 바로 윤리적 삶을 의미하는 파편들을 리믹싱하면서 우리의 삶을 하나의 샘플로 여겨야 한다.

DJ로서의 베드로는 우리에게 시대의 지배적 서사(master narratives)를 파악하겠다는 소망, 다분히 근대적인 그 소망을 포기하라고 말한다. 볼프는 "우리가 몸담고 있는 문화 전체를 변혁

---

39) Lyotard, p. 15.
40) Miroslav Volf, "When Gospel ana Culture Intersect: Notes on the Nature of Christian Difference," *Evangelical Review of Theology*, 22, 3, 1998, p. 204.

(transformation)해야 한다는 입장은 그리스도인에게 어울리지 않는다. 삶 전체를 사회적으로 또 지적으로 재구성하겠다는 근대주의적 기획을 그리스도인이 따르려 하는 것은 적합하지 않다. 철저하게 전혀 다른 도시를 새로이 지으려는 것은 가능하지 않다.... 모든 변혁은 어떤 요소들을 조각내어 하나씩 하나씩 바꾸어 나가는 것이다."[41]라고 주장한다. 우리가 가지고 있는 모든 것은 사실 완결된 것이 아니고 파편이거나 혹은 조각들이다. 우리가 할 수 있는 것은 성령의 감동으로 그리스도를 신뢰하는 것뿐이다. 또한 그것으로도 우리가 하고 싶은 일을 하기에는 충분할 것이다.

아마 힘의 중심에 서 있거나 회중을 앞에 두고 설교하는 이들에게는 이러한 태도가 터무니없이 불합리하게 보일 것이다. 하지만 파편화된 오늘날의 문화를 대면하고 있는 선교사들에게 이것은 직시해야 할 현실이다. 이는 그리스도가 모든 것 위에 계시며 모든 것을 포용하신다는 것을 부인하지 말고, 우리 인간이 시도하는 모든 것은 그저 인간적인 것일 뿐이라는 점을 겸손하게 인정하려는 것이다. 하나님은 모든 담론들보다 크고 거대하시기에 우리가 가진 모든 것은 큰 퍼즐(puzzle)의 조각조각에 불과한 것임을 기꺼이 인정하는 것이다. 이것을 인정하는 것은 오직 예수 그리스도와 성령께서 우리의 문화를 변혁하실 수 있다고 믿는 것이다.

"예수 그리스도는 어제나 오늘, 영원까지도 동일하시기(히 13:8)" 때문에, 또한 기독교 신앙이란 모든 시간과 모든 공간에서 유효한 것이므로 우리의 신학이 비체계적이고, 상황적이며, 유연해야 할 필요가 있다.[42] 우리의 임무는 완벽한 이야기를 하나 찾아내어 다른 이들에게 그 이야기를 들으라고 강요하는 것이 아니다. 우리의 임무는 선교 현장에서 각개의 상황에 따라 유효한 샘플을 수집할 수 있도록 지원하는 일이다.

---

41) Ibid., pp. 204-205.

당신의 삶을 이렇게 리믹스하라. 예배를 드리는 도중 사람들에게 다음의 사항에 대해 대화하도록 요청해 보라. 다음과 같은 일에 대해 그리스도인의 독특한 삶의 방식은 어떤 것이겠는가?

* 그리스도인의 이웃 돌보기는 어떻게 달라야 하는가?
* 차를 사는 것과 집을 마련하는 방식에서도 어떻게 달라야 하는가?
* 재산을 잘 관리하는 방식도 남다른가?
* 삶을 적극적으로 개진하며 과감하게 판단하는 그리스도인의 방식은 어떤 것인가?
* 그리스도인의 TV 시청은 어떻게 달라야 하는가?

DJ는 우리 생활의 일상적인 주변잡기들에 대해 하나하나 다양한 방식으로 응답할 수 있도록 도전한다. 베드로는 매일의 집안일이나 저녁 식탁에서 벌어지는 관계들, 부엌에서 일어날 수 있는 상황에 대해 DJ로써 응답한다. 이 경우 문화란 수준 높은 엘리트들이 보는 책이나 영화가 아니라 보통의 일반적인 삶의 관습이나 실천들이 된다. 신학자 캐스린 타너(Kathryn Tanner)는 "문화의 고유한 정체성을 확립하는 것은 그 문화의 일반적인 요소들이 어떻게 사용되고 다루어지며 변형되는가에 달려 있다. 문화적 정체성에 있어 중요한 것은, 외부에서 들어온 타문화 요소들이 기존 문화 속에서 작동하는 새로운 방식, 그러니까 저항, 전용, 전복, 타협 등과 같은 복잡하고도 상호관계적일 수밖에 없는 과정들에 의해 드러나는 변화이다."[43]

---

42) Miroslav Volf, "Theology, Meaning and Power: A Conversation with George Lindbeck on Theology and the Nature of Christian Difference," *The Nature of Confession: Evangelicals and Postliberals in Conversation.* Ed. Timothy R. Phillips and Dennis L. Okholm, Downers Grove, Ill.: InterVarsity Pess, 1996, p. 65.
43) Kathryn Tanner, *Theories of Culture: A New Agenda for Theology.* Minneapolis, Minn.: Fortress Press, 1997, pp. 57-58.

DJ의 이미지는 문화를 우리의 삶에 영향을 끼치는 것으로 인식하도록 한다. 그것은 우리 삶의 주변들, 복음과 문화의 접촉 방식, 성적인 광고나 지역사회의 환경 등에 초점을 맞추도록 한다.

베드로의 교회는 작은 규모였다. 당시 광범위하게 영향력을 끼치던 사회적 관습들은 그 교회를 압도할 정도였다. 하지만 베드로는 움츠러들지 않았다. 오히려 그는 기존의 문화적 행위들에 대해 도전하고 매일의 삶을 복음의 빛 아래에서 재해석했다.

베드로는 우리가 영향력을 행사하는 영역이 어디든지 상관없이, 우리가 매일의 생활에서 발생하는 상호작용에 집중해서 보면 새로운 복음적 믹스(mix)를 발견할 수 있다는 희망을 준다. 두 번째 엽서에서 살펴본 것처럼, 가장 비옥하면서도 도발적인 선교적 믹스가 발생하는 곳은 바로 문화적 가장자리, 교차점, 경계선인 것이다.[44] 이제 일상의 문화적 리믹스를 분명하게 실천해야 할 때가 온 것이다.

당신의 삶을 이렇게 리믹스하라. 우리 교회는 "생각하는 방(Thinking Room)"을 운영했다. 그 방에는 소파는 물론 통상적인 문화적 소품들이 놓여 있고, 음악과 현대적인 시를 들을 수 있도록 장치를 배치했다. 우리가 거기서 모비(Moby)의 음악을 샘플링하거나, 그의 성적 취향이나 영성에 대해 윤리적으로 다루는 등 우리의 일상의 문화를 다룰 때 바로 라디오 방송국에서 전화가 왔던 것이다. 그 방송 이후 우리 공동체가 다른 공동체와 다른 점이 분명하게 인식되었고, 우리의 영향력이 이전보다 훨씬 넓어졌다.

DJ들은 자신들이 공동체와 맺는 관계를 결코 무시할 수 없다. 태평양의 섬에서는 힙합(hip-hop)을 부르며 손뼉을 치면서 가운데 손가락과 엄지손가락으로 원을 만들어 DJ를 향해 들어 올린다. 이

---

44) "그리스도인의 독특성은 경계선 상에서 일어나는 바로 문화적 과정들에서 출현한다. 그 과정은 타인들과 공유하고 있는 문화적 자원들을 독특한 방식으로 사용함으로써 그리스도인의 사회적 실천이 어떻게 이루어져야 하는지 그 독특한 정체성을 구성한다." Tanner, *Theories of Culture*, p. 115.

것은 서로가 연결되어 있다는 것을 의미하는 피드백(feedback)이다. 무성의 "아멘"과 같은 것이다. 거기에 모인 이들은 즉각적이고도 직접적인 피드백을 보여준다. 만약 DJ의 곡 선정이 좋지 않으면 사람들은 곧 춤을 멈추고 딴짓을 한다. 현명한 DJ는 자신의 음악에 맞춰 춤을 추는 이들을 주목하면서 그들의 요구에 부응하려고 노력한다. 그래서 영향력 있는 DJ는 교회 공동체가 DJ의 역할에 대해 자유로운 피드백을 줄 수 있도록 허용한다. 우리가 복음과 문화의 관계에 대해 얼마나 진실하게 반응하는지, 그에 대한 자신들의 생각을 그대로 드러내는 것이다.

그래서 DJ 역할은 공동체와 함께 만들어가는 것이다. 베드로는 교회 공동체에게 편지를 보낸다. 그 공동체가 놓인 문화적 상황에 대해 DJ로써 말하는 것이다. DJ로서 발휘하는 창의성은 반드시 그 공동체 속에서 공명되어야 한다. 둘 셋이 모인 곳에 바로 예수님이 계시기 때문이다.

따라서 그의 문화적 믹스(mix)를 읽고 놀이하는 주체는 교회 공동체이다. DJ로서 베드로는 주님이 함께 하셨던 그 공동체를 주의 깊게 살피면서 리믹스했다. 그리고 그것이 그 공동체와 공명했기 때문에, 그로 인해 권위와 영감이 인정되었기 때문에 그 믹스는 미래 세대에게 전수될 수 있었던 것이다.

이 시대의 사람들은 DJ와 같은 역할을 잘 수행하는 공동체를 인정하려는 경향이 과거보다 훨씬 더 강하다. DJ들은 그들이 본래 클럽 공동체에서 일하던 방식대로의 진정성을 유지할 때 문화의 주류가 될 수 있다. 사회학자 사라 쏜톤(Sara Thornton)은 클럽이나 그 클럽에 속한 DJ가 성공적인 공동체를 만들어 내려면 무엇이 필요한지 설명한다. 그녀는 "논란의 여지가 있겠지만, 진정성(authenticity)이 대중 음악에 있어 가장 중요한 가치이다.... 음악은 진리를 전하고 진실을 느끼도록 할 때, 창의성과 독창성이 있을 때 그 진정성을 인정받는다. 끊임없는 재현(representations) 욕구

이콘(icons)

교회에 이콘을 두는 것에 대해 어떻게 생각하는가? 오르간(organ)은 괜찮은가? 프로젝터는? 교회에서 노래를 부르는 것은 또 어떤가? 그것이 재즈와 소울(soul)이라면? 치유사역이 교회에서 행하여진다면? 드럼은? 난방기는? 시끄러운 아이들은? 전기 조명을 설치하는 것은? 거리의 노숙자들이 교회에 온다면? 교회에 성경이 있는 것은 당연하겠지? 술은 어떤가? 이방인들은? 교회에서 춤을 춘다면? 그저 이야기하는 것은 아무 문제없겠지? 애완동물을 데리고 오면? 재미가 있어 소란스러운 것과 조용한 것 중 어느 쪽이 교회에 더 어울릴까? 여성들은 교회에서 어떻게 행동해야 할까? 확성기는? 방언은? 박수를 쳐도 될까? 모자를 쓰고 예배를 드리면? 꽃을 장식하면? 동성애자들이 온다면? 교회 벽에 그림을 그린다면? 교회에 노숙자들의 피난처를 만든다면? 찬송가와 드라마는 당연한 것인가? 교회에서 커피를 마시는 일은? 크게 웃는 일은? 다른 사람을 의식하지 않고 자연스럽게 행하는 일은? 이 모든 것이 우리의 일상적인 문화적 생활이고, DJ가 다루어 할 영역이다.
– *캐시 커크패트릭*
(Cathy Kirkpatrick)

와 지구화가 가속되고 있는 시대에, 음악적 진정성을 경험한다는 것은 일종의 치료제를 얻게 되는 것이다. 소외된 이들에게는 그것이 공동체의 일원이라는 소속감을 주기 때문이고, 자신을 거짓으로 가장하는 이들에게는 '진실'을 발견할 수 있도록 하기 때문이다."[45]라고 말한다.

이것은 공동체적(communal) 리믹스가 이루어질 때 가능하다. 그 공동체는 사람들이 가려고 하는 그 영적 여행의 리믹스를 지지해 준다. 그러므로 문화를 리믹스하려는 우리의 노력은 반드시 공동체적 행위이어야 한다.

당신의 삶을 이렇게 리믹스하라. 그레이스 교회는 매주 화요일에 주일 예배의 주제를 미리 알기 원하는 이들에게 이메일로 보낸다. 이메일은 이미지, 성경 본문, 인용문, 질문 등으로 구성되는데, 사람들은 한 공동체로써 그 주제에 대한 함의를 탐구하여 이메일로 보낸다. 이렇게 하면 예배 인도자가 그 공동체의 DJ가 되는 것이다.

DJ 역할은 학습을 통해 익힐 수 있는 후천적인 것이기 때문에 연습이 필요하다. DJ를 하려면 오래된 레코드 가게를 돌며 희귀한 음반을 찾아다녀야 한다. DJ는 음악의 비트에 주목하면서 자신의 청중들에게 적합한 메시지가 어떤 것인지 신경써야 한다. 귀로 듣고, 눈으로 보면서 준비한다. 이러한 것들은 주석(exegesis) 방법을 배우는 것과 같다. DJ처럼, 우리도 과거에 존재했던 다른 교회 공동체들의 자료들을 살펴보면서 성경의 독특한 상황에 대해 이해할 수 있는 능력을 갖추어야 한다.

그래서 DJ는 무엇이 자신의 공동체 구성원들을 신나게 만드는지 배워야 한다. 이는 목회적 차원에서는 다른 사람의 말을 잘 듣는 훈련이며, DJ가 적합한 트랙(track)을 틀 수 있는 능력이다. 또

---

45) Sarah Thornton, *Club Culture: Music, Media, and Subcultural Capital.* Cambridge, UK: Polity Press, 1995, p. 26.

한 이것은 우리를 둘러싼 세상에서 어떤 일이 일어나고 있는지 분별하는 능력이고, 이슈를 포착하는 기술이며, 사람들을 흥분시키는 것이 무엇인지 그 심장 소리를 들을 줄 아는 것이다.

DJ로서 베드로의 강점은 그가 당대의 가정법에 대해 잘 이해하고 있었다는 것이다. 그는 그리스도인으로서의 이야기를 매일의 일상적 삶에 적용하는 법을 알고 있었다. 그는 또한 구약성경에서 그 적용의 근거를 발견할 수 있는 능력도 있었다. 그의 힘은 이렇게 다양한 영역에서 배우며 상호작용을 기꺼이 수용한 태도에서 온 것이었다.

이것이 바로 포스트모던 시대에 필요한 목회자의 역할이다. 그는 복음과 문화를 리믹스해서 사람들이 하나님의 비트(beat)에 맞춰 춤추도록 초청한다. DJ로서의 목회자는 공동체 구성원들이 모두 DJ가 될 수 있도록 가르치는데, 자신들의 일터와 사회적 영역에서 성경 말씀과 문화를 다룰 수 있는 능력을 갖추도록 지도하는 것이다. 그 DJ는 사람들에게 피드백을 주며, 젊은 DJ들을 양육하고, 숙련된 DJ들에게는 더욱 그 능력을 배가시키도록 도전한다.

당신의 삶을 이렇게 리믹스하라. 나는 DJ를 양성하는 신학교가 세워질 날을 꿈꿔 본다. 신학교가 문화적 리믹스를 가르치는 곳이 되는 것이다. 이곳에서 문화적 DJ가 길러지고, 그 DJ들이 다시 다른 DJ를 길러내는 신학교를 생각해 본다. 나는 사람들을 초청해서 그들이 각자의 문화로부터 샘플링을 하여 생각을 자유롭게 나눌 수 있는 모임을 만들라고 추천하고 싶다. 그리고는 DJ를 초청해서 예술 작품을 만들 수 있도록 사람들에게 음악이나 비디오 클립, 시, 예술적 이미지 등을 가져 오라고 요청하라. 사람들은 자신들의 핵심적인 신앙의 요소가 확장되거나 혹은 넓어졌다고 느낄 것이다. 서로가 복음과 문화의 관계를 다루는 신실한 DJ가 피차 될 수 있도록 격려해야 한다.

DJ가 샘플링 작업을 할 때 진정성이 있어야만 한다. 흑인

그루브 아마다

(Groove Armada, 남성 듀오 가수, 역자 주)를 샘플링하다!
〈그르부 아마다〉의 앨범을 시골 레코드 가게에서 구입한 것은 정말이지 우연한 일이었다. 저녁에 먹을 음식을 사러 갔다가 발견하고는 지하의 싸구려 방에서 그 음악을 들었다. 그들의 히트송 50개가 수록된 베스트 앨범을 페티 페이지(Patti Page)가 "At The River"라는 제목으로 샘플링하여 편집한 것이었다. 50여 개의 멋진 프로그레션(progression, 화성의 진행 상태, 역자 주)을 뽐내는 아주 들을 만한 멋진 음반이었다.
www.harmonycentral.com

(African-American) 음악에서 샘플을 추출할 때 고려해야 할 윤리적 요소가 무엇인지를 묻는 질문에, 모비(Moby)는 자신의 플레이(Play) 앨범 작업이 끝날 때까지 윤리적인 부분에 대해서는 생각하지 못했다고 대답했다.[46] 그리스도인으로서 우리는 샘플링 작업을 하기 전에 윤리적 태도에 대해 고려해야 할 필요가 있다. 적어도 모비가 했던 시점보다는 빨라야 할 것이다.

우리 사회에서 소수 인종이나 소외 계층의 사람들은 성적인 매력이 있는 것처럼 함부로 다루어진다. 원주민은 사실 서구 문화의 쾌락을 위한 대상으로 착취당하는 위험에 노출되어 있다. 예컨대, 바디 숍(The Body Shop, 영국의 대중적인 화장품 회사, 역자 주)의 경우 이국풍의 이미지와 상품들로 매출을 늘리겠지만, 그러한 샘플링이 실제로 원주민 공동체에 주는 영향은 어떠하겠는가?[47]

그레이스 교회에서 우리는 종종 TV 상업광고의 샘플을 취한다. 윤리적 진정성이란 우리가 그 광고를 취할 때 TV에서 직접 가져오는 것이 아니라, 그 회사에 정식으로 요청하여 허락을 받는 것을 의미한다. 그래서 그 회사에 우리가 그 광고를 어떻게 활용하지에 대해 미리 설명한다. (그러한 대화는 보통 매우 당황스러운 질문을 동반하는데, 어쨌든 그러한 대화는 그 자체로 선교적이라는 점은 분명하다.) 진정성은 그 광고를 부정적으로 다루기 위해 그 광고를 마음대로 왜곡하지 않는다는 약속을 포함한다. 대신 우리는 그 광고의 의도를 고려하면서도 더 깊은 영적 의미를 부여하는 방식으로 사용하는 것이다.

이 진정성의 기준을 나는 신흥교회의 샘플링 작업에도 동일하게

---

46) 모비는 "그것은 내가 앨범을 녹음하고 있을 때가 아니었다. 하지만 그 작업을 마쳤을 때 한 친구가 말했다. '네 작업에는 좀 문제가 있는 것 같아. 사람들도 그 때문에 정말로 불편해할 것 같은데.' 하지만 내 느낌은 내가 다만 순진하고 진실한 입장에서 그 문제를 대하고 있었다는 것이다."라고 말했다. www.disquiet.com/moby.html
47) 이에 대해 더 많은 것을 알고 싶다면 다음을 보라. Ziaddhun Sardar, Postmodernism and the Other: *The New Imperialism of Western Culture*. Pluto, London, 1998.

제안하고 싶다. 왜냐하면 우리는 그 누군가가 창의적으로 만들어 놓은 일종의 작품을 사용하는 것이기 때문이다. 우리 공동체 내부에서 진실하게 샘플을 수집해야 하는 것과 마찬가지로, 다른 공동체의 창의적 생산물에 대해서도 그렇게 해야 한다. 그들의 이야기를 배우는 시간이 필요할 것이고, 그들이 지금까지 걸어 온 길을 정중하게 바라보는 일도 필요할 것이다. 그렇게 함으로써 우리가 하려는 샘플링 작업은 더욱 강력한 힘을 발휘하게 될 것이다.

당신의 삶을 이렇게 리믹스하라. 내가 DJ의 역할을 감당하게 될 때 내 자신에게 묻는 윤리적 질문은 이렇다. "이 샘플의 원작자가 지금 여기에 나타난다면 나는 어떤 느낌일까?" 이 질문은 나를 정직할 수 있도록 지켜준다. 내가 성경을 사용하든, 모비의 음원을 사용하든, 혹은 고대의 의식을 사용하든, U2의 노래를 사용하든, 원작자의 의도와 사상에 민감하게 반응하는 DJ가 되려고 노력한다.

근대성(modernity)은 신흥교회에 긴 그림자를 드리우고 일정부분 영향을 미치고 있다. 그 영향력에 대해 뒤로 움츠러들거나 동화되는 방식은 선교를 방해하고 영적인 방향성을 흩트려 놓을 수 있다. 하지만 신흥교회의 DJ 역할에 대해 이야기할 때면 내 눈은 생기에 가득차고 흥분된다. 리믹싱(remixing)은 우리 시대의 문화 속에서 독특한 선교적 연결을 가능하게 만든다. 활기찬 영적 성장은 복음과 문화, 노래와 성경이 리믹스될 때 발생한다. 양자의 경계선은 촉매제로써 우리 시대의 새로운 삶의 방식을 불러일으킨다.

이 음악으로 시작해 보자

DJ를 시작해 볼까? 모비(Moby)를 리믹스해 보는 것으로 시작해 보자.

* 그의 노래 "God Moving over the Face of the Waters"를 천지창조의 이미지와 연결하여 믹스해 보라.[48]
* 그의 노래 "My Weakness"를 죄를 고백하는 사람들의 이야기로 사용해 보라.[49]
* 그의 노래 "Run On"을 사람들이 성찬을 받으러 나올 때 틀어 놓아 보라.[50]
* 그의 노래 "We Are All Made of Stars"를 자기 인생에 있어서 스타처럼 빛나는 이들과 교회 공동체의 동료들을 위한 중보의 기도시간에 배경 음악으로 사용해 보라.[51]

---

48) Moby, "God Moving over the Face of the Waters," *I Like to Score Vol. 1*, Elektra, 1997.
49) Moby, "My Weakness," *Play*, Mute Records, 1999.
50) Moby, "Run On," *Play*, Mute Records, 1999.
51) Moby, "We are All Made of Stars," Mute Records, 2002.

더 참고하면 좋을 책들

Sarah Thornton, *Club Culture: Music, Media, and Subcultural Capital.* Cambridge, UK: Polity Press, 1995.

Kathryn Tanner, *Theories of Culture: A New Agenda for Theology.* Minneapolis, Minn.: Fortress Press, 1997.

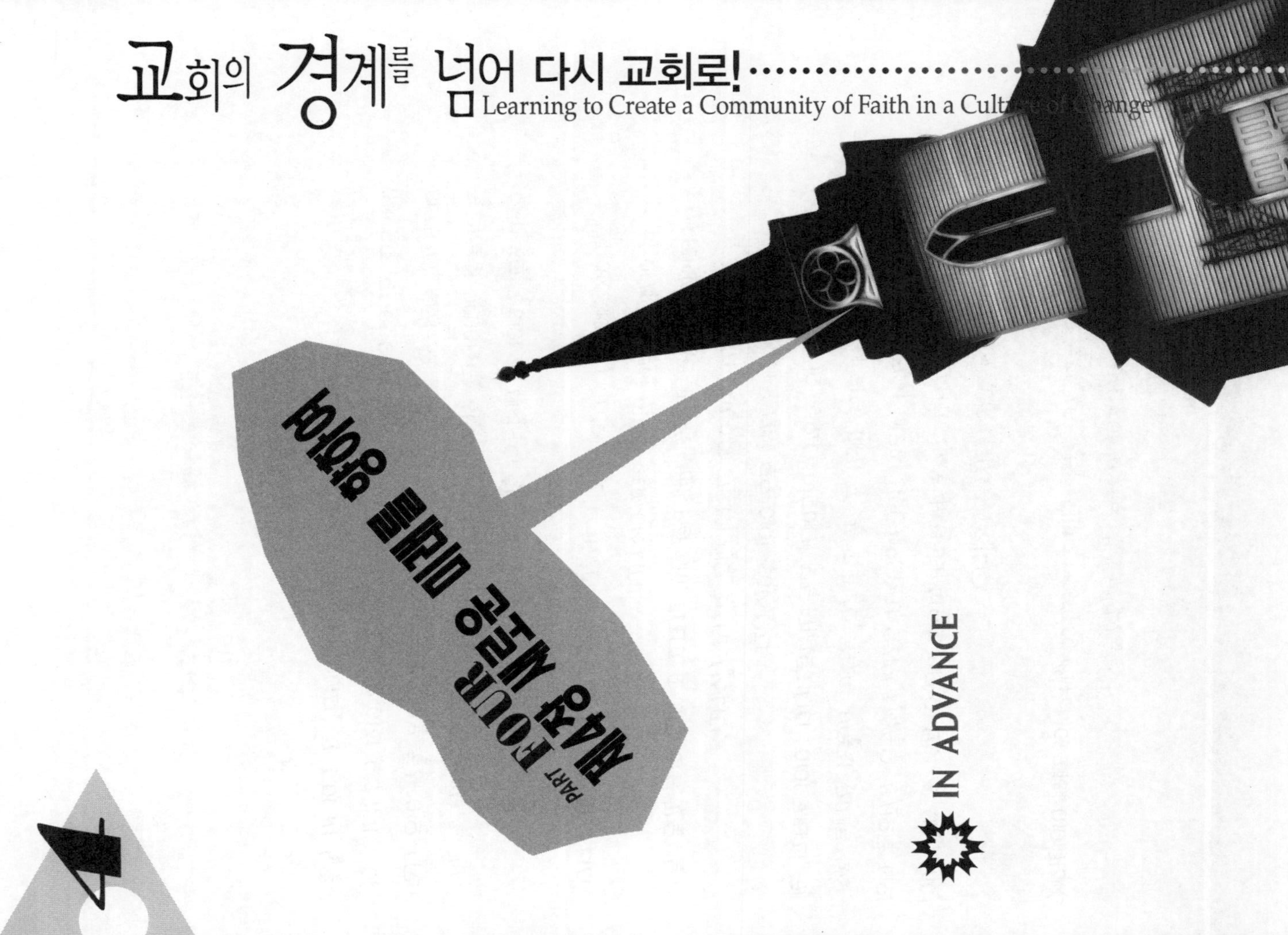
교회의 경계를 넘어 다시 교회로!
Learning to Create a Community of Faith in a Culture of Change
PART FOUR
제4장 새로운 미래를 향하여
IN ADVANCE

This Space for Correspondence

안녕하세요? 저는 이제 뉴질랜드의 집으로 돌아왔습니다. 그 동안 써 놓은 엽서들을 모으면 이미 책이 될 것 같습니다. 한 권의 책이란 누군가가 - 아마 저자가 되겠지요. - 이런 저런 다양한 사람들과의 대화를 통해 얻은 신뢰를 기록한 과정이라고 할 수 있을 것 같습니다. 이 엽서들을 쓰면서 꼭 감사의 말씀을 전해야 할 대상들이 있습니다.

* 그레이스웨이: 난 이곳에서 그 누구보다 더 좋은 친구, 인간을 만났습니다. 난 아직도 그러한 이들을 찾고 있습니다.
* 시티사이드, 마크 피어슨(Mark Pierson), 그리고 또 다른 여러 공동체들과 그 공동체의 지도자들에게 감사의 말을 전하고 싶습니다.
* HU@CLARA, 나의 닫힌 문을 열어 주었습니다.
* 나의 책의 편집을 도왔던 이들에게 모두 감사드립니다. 이안 케네디, 켈리 립슨, 카렌 워드, 매기 돈, 폴 프로몬트, 리처드 버클리, 자네트 부쉬, 시몬 스미스, 킬라 배른힐. (이 책의 여러 오타와 실수들은 전적으로 나의 책임입니다.) 그리고 장소를 빌려주고 따듯한 애정을 보여 준 쉐논, 카일리 앤, 린에게 특별한 감사를 전합니다.

이 엽서들을 통해 저는 신흥교회(the emerging church)에 대해 이야기했습니다. 다음 책은 여러분이 써 보는 것이 어떻겠습니까?

Post Card
2007. 07.
This Space for Address only
COMMEMORATIVE SERIES 1901
UNITED STATES OF AMERICA
5
5
BRIDGE AT NIAGARA FALLS
POSTAGE FIVE CENTS

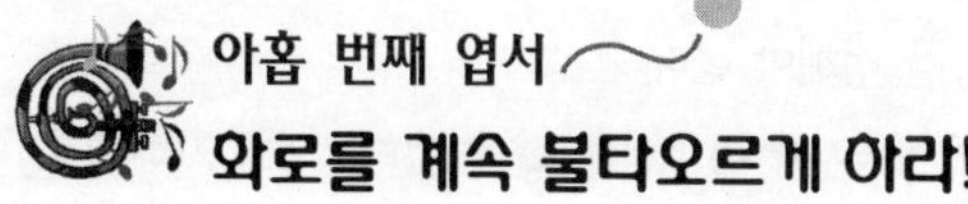

아홉 번째 엽서
화로를 계속 불타오르게 하라!

뉴질랜드와 미국에서, 시애틀(Seattle)과 시드니(Sydney)의 카페에서, 에딘버러(Edinburgh)에서 영국으로부터, 오클랜드(Auckland) 시티사이드(Cityside) 교회의 푹신한 의자에 앉아서, 요크(York)에 있는 비전(Vision) 공동체의 안락의자에 앉아 나는 여러분께 신흥교회의 이야기를 엽서로 보냈었다. 서구 교회가 쇠퇴하는 반면, 창의성과 공동체, 그리고 의식(ritual) 등에 대한 새로운 접근이 전 세계에서 나타나고 있다. 하나님은 우리 문화의 포스트모던 선교의 주변부를 두루 살피시며 즐기고 계시다.

이 책은 점점 더 파편화되고 있는 세상에서 그래도 포스트모던 선교 전략을 명확하게 밝혀 그 의미를 확인하려는 내 노력의 결과이다. 기존 제도권의 쇠퇴와 신 부족(tribal) 공동체의 발흥, 구도자 영성, 그리고 소수 인종과 약자들에 대한 고조되는 관심 등의 증언을 들으면서, 우리는 교회가 그러한 도전을 통해 다가오는 새로운 임무와 메시지에 응답하지 않을 수 없다는 것을 알게 되었다.

신흥교회는 루어만(Luhrmann)의 세상에서 또 광범위한 문화적 변화의 단층면에서 태동한다. 신흥교회의 등장은 동시대적이며 포스트모던적인 선교방법론이 시도되고 있음을 의미하는 것이다. 이론에서 실천으로 옮겨졌다고 말하기보다는, 신흥교회들은 별 다른 이론이 없이 우선적으로 실행된 경우라고 보는 것이 옳다. 신흥교회는 여전히 지속적인 실천의 장이 필요하지만, 이제는 그 신학적 근거를 정립하는 일에도 신경을 기울여야 할 것이다. 우리는 이 움직임이 새로운 변화로 이끄는 촛불이 되었다면, 이제는 하나님과 함께 진실로 새롭게 살아가면서 그 새로운 변화의 영향력을 확

나는 지금까지 많은 엽서를 보냈다. 엽서는 105mm x 148mm의 크기로 축소시켜 놓은 세상이다. 거기에는 단지 몇 문장만 적을 수 있을 뿐이다. "당신이 생각나요. 걱정입니다. 전 여전합니다. 기대하고 있는 것들이 있어요."에서 "당신이 그립습니다. 난 변하고 있어요. 내가 보고 들은 것을 도저히 표현할 수가 없어요."에 이르기까지 간단한 메시지를 적는다. 하지만 아무리 아름다운 글씨가 적힌 엽서를 받는다 하더라도 그것은 여행을 직접하는 것과 같을 수는 없다. 연속극 드라마를 보는 것을 실제로 사람들과 관계를 교제하는 것에 비교할 수 없는 것과 같은 이치이다. 요리책을 들여다보는 것이 실제로 음식을 준비하고 맛있게 먹는 것과는 다른 것이다. 다만 그 엽서들은 우리를 경계선의 가장자리로 조금씩 몰아가면서 우리 자신만의 여행을 떠나도록 용기를 북돋우는 방식으로 영감을 제공한다.
– 캐시 커크패트릭

보하는 쪽으로 방향을 정해야 한다.

이 책과 신흥교회 모두 막 출발선에 놓여 있다. 우리 시대의 문화적 변동은 너무도 거대해서 그렇게 밖에는 표현하기가 쉽지 않다. 내 아이가 걷기까지는 많은 시간이 필요했고, 말을 배우는 데에는 더 많은 시간이 필요했다. 불안해 하면서도 나는 그러한 기다림의 시간이 정상적인 것이라고 확신했었다.

신흥교회는 요람이다. 이 책은 더 강력한 흐름이 나타날 수 있도록 북돋우는 소망을 담아서 집필되었다. 또한 이 책은 앞으로 우리가 직면할 혼란과 동요 사태를 제대로 대처하기 위해 쓰였다. 그리고 이 책에는 더 많은 논의들이 이루어져서 지금 가능한 것들은 명확히 하고, 아직 가능하지 않은 것에 대해서는 촉진시키려는 소망이 담겨 있다.

우리는 지금 문화적 변동의 단층선에 서 있다. 우리가 사는 세상은 기술적으로 하나로 연결되어 있으면서도 파편화된 곳이다. 우리의 임무는 이 시대를 그리스도인으로 살아가야 한다는 것과 예수님을 따라 미래를 향해 나아가야 한다는 것이다. 우리는 뒤로 돌아갈 수 없다. 또 임무를 포기할 수도 없다. 우리가 할 수 있는 일이란, 우리 문화 속에서 움직이시는 하나님께 반응하는 존재로 서 있는 것 외에는 없다. 그리고 하나님의 그 움직임은 우리가 루어만의 세상을 향한 영적 여행을 확장시키는 DJ로서의 역할을 확신에 차 감당할 수 있도록 초청한다. 그래서 기독교 신앙의 구원 공동체를 활발하게 잉태하라고 권한다.

우리가 가지고 있는 것은 오로지 믿음, 소망, 사랑이다. 그리고 그 중에 가장 큰 것은 사랑이다.

다음의 한 이야기를 통해 포스트모던 시대의 선교에 대한 내 생각을 제안하며 이 책을 마무리 하는 것이 좋을 것 같다.

화로를 계속 불타오르게 하라!

난 그때 한 컨퍼런스(conference)에서 연설을 하고 있었다. 그런데 검은 가죽 잠바와 헬멧을 쓴 두 사람이 오토바이 옆에 서서 내내 나를 심각하게 쳐다보고 있었다.

컨퍼런스가 끝나고 사람들이 나에게 와 고맙다는 말을 전했다. 그 두 사람도 내 앞으로 와서는 고맙다는 의미로 고개를 숙였고 곧 문을 향해 걸어 나갔다. 그때 그 중 한 사람이 머리를 뒤로 쓸어 올리며 나를 쳐다보았다. "이보시오. 혹시 호주 산골 오지에서 있었던 화로 이야기를 들어 봤소?"

나는 잘 모르겠다고 고개를 저었다. 그랬더니 그는 나에게 호주의 산골 오지를 여행하던 한 여행자의 이야기를 해 주었다. 아주 오랜 시간 동안 그 여행자는 아무 것도 볼 수 없는 평지를 걸었고, 먼지 외에는 아무 것도 먹지 못했다. 그곳은 널래보(the Nullabor) 지방이었다. 멀리 지평선에는 오직 사막만 보였다.

그런데 갑자기 그는 마을에서 한참 떨어져 있는 곳에 있는 한 가게 앞을 지나치게 되었다. 여행자는 멈춰 섰고, 현관의 무서운 적막에 사로잡혔다. 그는 천천히 문을 향해 갔다.

가게 점원이 일어나더니 그에게 어디서 오는 길이냐고 물었다. 그는 어깨를 들썩이며, "난 그냥 여행객일 뿐이오."라고 말했다. "아, 그렇군요."라고 말한 점원은 "당신도 화로를 찾아 왔군요. 이 뒤로 오시오." 하고는 뒷문을 가리켰다.

당황스러운 기색을 하며 그 여행자는 점원을 따라 가게 뒷문으로 나갔다. 가게 되에는 전 세계에서 모인 수많은 여행자들이 함께 이야기를 나누며 화로 주위에 앉아 있었다.

그 여행자는 거기에 멈춰 서서 이 시골의 적막 한가운데 이런 일군의 사람들과 화롯불이 있다는 것에 얼떨떨해 할 뿐이었다. 점원이 말했다. "이것이 화롯불이오. 뉴질랜드에서 온 관광객이 선물로 준

것이지요. 이것은 'ahi kaa' 라고 부르는데, 뉴질랜드 원주민어로 화롯불이라는 뜻입니다. 이 화롯불은 지난 30년 동안 불이 꺼지지 않았소. 처음 불을 지피던 날부터 여기저기서 모여든 여행자들이 항상 이 주위에 모여 앉아 자신들의 순례길 이야기를 나누었죠. 때로 아주 적은 수의 사람들만이 남았던 적도 있었지만, 대개의 경우 사람들이 꽉 차 있었죠. 그리고 온 세상에서 모인 이들은 이 화롯불의 온기를 계속 이어갔고 서로의 이야기를 공유했다오."

Ahi kaa. 마오리족 언어로 이 문장은 "불이 꺼지지 않도록 지켜라!"라는 뜻이다. 이는 가족이나 부족에게 자신들의 땅을 계속 지켜내야 한다는 다짐을 의미한다.[1]

나는 신흥교회(the emerging church)를 향하여 마오리 언어로 이렇게 말하고 싶다.

"Kia mura tonu nga ahi kaa mo te matemateaone."

화로를 계속 불타오르게 하라! 그러면 사랑하는 이들은 항상 다시 돌아올 것이다.

---

1) 이 말의 뜻은 다음 사이트에서 참고했다. www.courts.govt.nz/maorilandcourt/glossary.htm

성석환

연세대 신학과를 나와
스위스 The Graduate School of Bossey에서 수학했고,
장신대에서 기독교와 문화를 전공했다.
문화선교연구원에서 책임연구원으로 사역했고,
서울기독교영화제 집행위원장을 역임했다.
현재는 대학로에 위치한
동숭교회에서 문화영역을 담당하며,
안양대학교 기독교문화학과 교수로 재직 중이다.

Jesus Christ

God is a Spirit: and they that
worship him must worship
him in spirit and in truth.
(John 4:24)

 모든 인간은 하나님의 형상을 닮은 존엄한 존재입니다. 전 세계의 모든 사람들은 인종, 민족, 피부색, 문화, 언어에 관계없이 존귀합니다. 예영커뮤니케이션은 이러한 정신에 근거해 모든 인간이 존귀한 삶을 사는 데 필요한 지식과 문화를 예수 그리스도의 사랑으로 보급함으로써 우리가 속한 사회에 기여하고자 합니다.

교회의 경계를 넘어 다시 교회로!
The out of bounds church?

초판 1쇄 찍은 날 · 2008년 9월 20일
초판 1쇄 펴낸 날 · 2008년 9월 24일
지은이 · 스티브 테일러(Steve Taylor)
옮긴이 · 성석환
펴낸이 · 김승태
등록번호 · 제2-1349호(1992. 3. 31)
펴낸 곳 · 예영커뮤니케이션
주소 · (136-825) 서울시 성북구 성북1동 179-56
홈페이지 www.jeyoung.com

출판사업부 ·
T: (02)766-8931 / F: (02)766-8934
E-mail: edit1@jeyoung.com
출판유통사업부 ·
T: (02)766-7912 / F: (02)766-8934
E-mail: sales@jeyoung.com
ISBN 978-89-8350-491-3

Originally published in the U.S.A. under the title: The Out of Bounds Church?
Copyright © 2005 by Youth Specialties
Published by permission of Zondervan, Grand Rapids, Michigan All rights reserved.
Korean Edition Copyright © 2008 by Jeyoung Communications, Seoul, Republic of Korea
Translated and used by permission of Zondervan through arrangement of KCBS Literary Agency, Seoul, Republic of Korea.

값 9,000원